中国近代新闻学名著系列丛书

芮必峰◎主编

新闻学论集

—— 管照微◎编 ——

中国传媒大学出版社
·北京·

编 委 会

主　编　芮必峰

副主编　姜　红　刘　勇

编　委　贾　南　周　彤　张冰清　侯普曼

出版说明

本丛书整理再版了近代在中国用中文出版的经典新闻学著作，所涉及的图书既有专著、教材，也有译著，全面涵盖了新闻学理论、新闻业务、新闻史等领域，成书年份前后跨越40年。在这40年间，中国的新闻学科从无到有、从借鉴到创新，成就巨大。对这些著作的再次出版，为研究中国近代新闻学提供了珍贵的史料，绘制了中国近代新闻学的全景，度量了中国近代新闻学的厚度，填补了该领域空白，也为纪念中国新闻学诞生100周年献上了一份厚礼。

我们请中国人民大学新闻学院教授、博士生导师，广西大学新闻传播学院院长，教育部社会科学委员会委员兼新闻传播学科召集人郑保卫，及中国传媒大学传播研究院院长、教授、博士生导师，中央实施马克思主义理论研究和建设工程新闻学首席专家雷跃捷对本丛书的内容进行了审定，并根据专家的意见进行了修改。在此对两位专家所付出的辛勤劳动表示衷心感谢。

由于历史原因，本丛书中的个别图书存在一些问题，为保存历史原貌，为研究者提供一手的参考资料，影印时均基本保持其原貌，未作大的删改，希望读者结合当时的历史条件和历史环境，对其中的观点进行批判性借鉴。原书中存在一些错别字、漏字和排版错误，我们在影印时均未做改动，敬请读者注意。

由于原书出版年代久远，本丛书中的许多书籍难觅其踪，存世数量稀少，版权状况极其复杂。为了保证本丛书的学术性和完整性，我们将具有价值的图书先行选入其中，进行了抢救性发掘，力图保存中国新闻史珍贵的历史资料。版权所有人若有异议，请及时与我们联系。

为更好地体现中国近代新闻学的发展脉络，本丛书特别收录了欧美学者休曼的《实用新闻学》、斯蒂德的《新闻学的理论与实际》；日本学者松本君平的《新闻学》、后藤武男的《新闻纸研究》、杉村广太郎的《新闻概论》。当年这些书的出版对中国近代新闻学具有一定的借鉴意义。

本丛书为影印制作，成书清晰度由原书决定，由于出版年代久远，受当时生产力水平及制作方法限制，难免会存在一些缺陷，敬请读者谅解。

中国传媒大学出版社

总　序

如果从1903年商务印书馆编译出版日本人松本君平的《新闻学》算起，中国的新闻学已有115年历史[①]。如果从1918年北大新闻研究会建立，徐宝璜开办新闻学讲座算起，中国新闻学教育和研究迄今正好100年历史。我们搜集整理了清末至民国期间一些有代表性的新闻学书籍，希望借此重现早期中国近代新闻学的本来面貌，反映我国新闻学发展的历史脉络，我们认为，这对中国新闻学术、教育史研究以及中国近现代思想史研究都是很有意义的。

从1903年到1949年9月的40多年间，我国公开出版和内部印行的新闻学书籍，包括专著、教材、论文集、资料汇编、参考工具书等，约468种之多。[②]它们集中反映了我国新闻学的历史发展轨迹。然而，由于多种原因，这些书籍除了几本曾被重印出版外，大多已经是"只闻其名、难觅其踪"，这对我国新闻学研究不能不说是一个遗憾。

本丛书在梳理1903—1949年间出版的有代表性的新闻学书籍的基础上，精选了50部著作，校订注释，编纂再版，也算对这一遗憾的弥补。

从我们挑选的这50部新闻学书籍来看，中国早期新闻学的发展有三个鲜明的特点：

一、中国早期新闻学的发展与中国社会发展，尤其与国家民族利益息息相关

40多年间，中国新闻学从近乎空白到勃然而兴，这与中国社会的动荡、变

① 黄天鹏回顾新闻运动时说："有清光绪二十八年，商务印书馆刊行《新闻学》一书，为我国人知有新闻学之始，原书为日人松本君平所著……"资料来源：黄天鹏. 新闻运动之回顾［A］. 黄天鹏. 新闻学名论集［C］. 上海：上海联合书店，1929.

② 林德海，等. 中国新闻学书目大全1903—1987［M］. 北京：新华出版社，1989.

革休戚相关。西方新闻学是现代化的产物，最早形成于19世纪末20世纪初。1901年，“新闻学”一词首见于中文报章①，但直到民国前夕，国人对于“新闻有学乎”尚存疑，认为报社就是新闻人才的“养成所”。至1912年上海报业俱进会以“吾国报业之不发达……其最大原因，则为无专门之人才”②为由，号召组织报业学堂，培养报业专门人才。不难看出，此时新闻界亦将新闻学视为办报之“技”。至1918年邵飘萍为徐宝璜《新闻学》作序仍“窃叹我国新闻界人才之寥落，良由无人以新闻为一学科而研究之者”③。黄天鹏把1903年至1918年新闻学研究会建立之前的十余年视为中国新闻学的启蒙期。④

1918年，随着以启蒙为目标的新文化运动愈演愈烈，新思潮涌入国门，“新学”“西学”站在旧传统的对立面被学界关注，新闻学思想也不例外。作为公学之首和新文化运动中心的北京大学率先开办新闻学研究会，力证了“新闻学”存在的正当性；徐宝璜《新闻学》一书问世，成为中国新闻学理论的奠基之作。新闻学教育兴起，新闻学研究著作渐盛，待到北伐前夕，中国新闻学从学理上和实践上俱已建立起来。

新文化运动后期，马克思主义传入中国，资本主义文明逐渐“祛魅”。之后的大萧条使得西方国家的痼疾暴露无遗，曾经“理想之彼方”的西方报业也难以幸免。在这一时代背景下，如何建立“吾国之报业”成为新闻学研究的热点，围绕这一热点，一方面，关于中外新闻理论、新闻事业、新闻业务的著作日益涌现；另一方面，军阀对于激进言论的暴力摧残，又引发了新闻人对于言论自由的论争。20世纪20年代的中国新闻学呈现百家争鸣之势。

“在这言论自由纷争之际，也有若干论调，认为新闻纸不过是一种政治宣传的工具，在新闻学方面也唱过所谓社会主义的新闻理论，不过这种论调没有完成，当头的国难已把这种理论粉碎。”⑤“九一八”事变后，面对空前的民族危机，“国家至上、民族至上”成为国论，报业成为勾连与动员社会的渠道和网络，

---

① 梁启超．本馆第一百册祝辞并论报馆之责任及本馆之经历［J］．清议报，1901（100）：1-8．

② 戈公振．中国报学史［M］．上海：上海书店，1989：278．

③ 徐宝璜．新闻学［M］．长春：时代文艺出版社，2009：7．

④ 黄天鹏．四十年来中国新闻学之演进［M］//龙伟，任羽中，王晓安，何林，吴浩．民国新闻教育史料选辑．北京：北京大学出版社，2010：149．（以下征引本书时，一律简注为《民国新闻教育史料选辑》。）黄天鹏在此文中提出他对于1903年到战事结束的40余年间中国新闻学发展阶段的划分，原载《中国新闻学会年刊》第1期，1942年9月。

⑤ 黄天鹏．四十年来中国新闻学之演进［M］//民国新闻教育史料选辑．北京：北京大学出版社，2010：161．

致力于推动“舆论统一”。直到全面抗战中期之前，以战争宣传动员为主要研究目标的“战时新闻学”都是新闻学研究的热点。

1943—1949年中华人民共和国成立前夕，随着战争形势的转变，抗日战争已现胜利的曙光，中国新闻学人开始构想新闻业的未来。萨空了①于1943年开始着手书写《科学的新闻学概论》，旨在提醒新闻人应“鉴于美英的前车”②，避免报纸“为大财阀资本家所独占”③，“积极地设法使报纸成为大多数民众自己的相互报道消息、提供意见的工具”④。

二、中国新闻学是“西学东渐”的产物，中国早期新闻学人大多具备西学背景

“西学东渐”的内在精神是中体西用。在“用”的招牌下，西学大量涌入。中国新闻学直接引自日本和美国。首先，中国最早的新闻学译著分别为1903年商务印书馆编辑出版的松本君平的《新闻学》和1913年美国记者休曼著、史青编译的《实用新闻学》。前者成为中国新闻学的开端，而后者作为美国第一本新闻教育著作，“提供采访编辑各种实际问题的解决方案”⑤，也奠定了中国新闻人对于新闻教育之作用的基本构想。

早期中国新闻学人大多具备留美留日的求学背景。徐宝璜曾于美国密歇根大学修习经济学与新闻学，其《新闻学》（1919）的参考文献包括在美国出版的图书23种、在英国出版的图书7种，印证了时任北大校长蔡元培所言，“新闻学之取资，以美为最便矣”⑥。任白涛求学日本早稻田大学政治经济学系时，加入了《朝日新闻》名记者杉村楚人冠等筹建的“大日本新闻学会”⑦，《应用新闻学》

① 萨空了（1907—1988）四川成都人，蒙古族，笔名了了、艾秋飚，记者、主编、新闻学家。1927年任《北京晚报》《世界日报》编辑记者、《世界画报》总编辑。曾任教民国学院新闻系、北京新闻专科学校。1935年任上海《立报》副刊主编、总编辑兼经理。中华人民共和国成立后任中央人民政府新闻总署副署长兼新闻摄影局局长、出版总署副署长、全国政协副秘书长兼《人民政协报》总编辑等职。负责主编《中国大百科全书·新闻出版》卷，著有《科学的新闻学概论》《科学的艺术概论》《宣传心理研究》等。

② 萨空了．科学的新闻学概论［M］．香港：文化供应社，1946：36.

③ 萨空了．科学的新闻学概论［M］．香港：文化供应社，1946：36.

④ 萨空了．科学的新闻学概论［M］．香港：文化供应社，1946：36.

⑤ 黄天鹏．四十年来中国新闻学之演进［M］//龙伟，任羽中，王晓安，何林，吴浩．民国新闻教育史料选辑，北京：北京大学出版社，2010：157.

⑥ 邓绍根．中国新闻学的筚路蓝缕：北京大学新闻学研究会［M］．北京：清华大学出版社，2015：228.

⑦ 1915年《朝日新闻》的杉村楚人冠等在庆应义塾大学创办“新闻研究会”并讲授课程，后根据该讲义出版了《最近新闻纸学》（1918）。其时，杉村楚人冠还兼任“大日本新闻学会”的筹建者与学会新闻讲座讲师。

（1922）正是仿照杉村楚人冠《最近新闻纸学》一书体例所做。[①]邵飘萍的《实际应用新闻学》（1923）亦参考了《最近新闻纸学》。[②]杉村楚人冠深受美、德新闻思想熏陶，美、日、德的新闻思想因故才传到中国。

事实上，正是留美、留日学生群体的新闻学著述构建起了中国早期新闻学的基本框架。仅本丛书所涉国内著（编）者30人中，剔除资料不详者3人，有留学经历者共计15人。其中留美5人：徐宝璜、伍超、赵敏恒[③]、戈公振[④]、曹用先[⑤]；留日8人：吴定九[⑥]、邵飘萍、黄天鹏、任白涛、张友渔[⑦]、谢六逸、袁殊[⑧]、王文萱[⑨]；

---

① 周光明．近代新闻史论稿［M］．北京：社会科学文献出版社，2014：276.

② 方晓红．中国新闻简史［M］．南京：南京师范大学出版社，1996：122.

③ 赵敏恒（1904—1961），记者、新闻学教授。早年就读于清华大学，1923年起先后于美国科罗拉多大学文学院、密苏里大学新闻学院、哥伦比亚大学新闻学院攻读英国文学和新闻学，并获新闻学硕士学位。1925年起在纽约环球通讯社当编辑。1927年回国，在国民政府外交部情报处短暂工作后加入路透社。1945年10月任《新闻报》总编，兼任复旦大学新闻学教授。

④ 留学两个及两个以上国家的，按其留学的第一个国家计。

⑤ 曹用先，女，宁波人，天津南开大学社会科毕业。1926年与未婚夫查良鉴自南开大学毕业后，同赴密歇根大学留学，1930年在该校安娜堡完婚。硕士毕业后回国，曾就职于上海商务印书馆编辑所并任教于大夏大学，1949年与查赴台，1951年4月病逝于台湾。

⑥ 吴定九（1890—1930），名鼎，字定九，嘉定人。著名报人，《京报》元勋之一，著有《新闻事业经营法》。公派赴日本名古屋学习土木工程时，与在东京政法学校读书的邵飘萍成为密友。1923年9月，私立北京平民大学设立报学系，时任京报社经理的吴定九担任教授并讲授专业课程“新闻经营法”。

⑦ 张友渔（1898—1992），原名张象鼎，字友彝，又名张忧虞，山西灵石人。法学家、政治学家、新闻学家。先后求学于山西第一师范学校，国立北平法政大学法律系。1927年任《国民晚报》社长兼总编辑。同年加入中国共产党，任中共北平市委委员兼秘书长。1930年赴日留学。“九一八”事变后回国任《世界日报》主笔及燕京大学、中国大学、民国大学、中法大学、北平大学法商学院教授，讲授宪法学、劳动法学、新闻学和日本问题。1943年起在重庆任中共南方局文委秘书长、《新华日报》社论委员会委员、中共重庆工作委员会候补委员兼政策研究室副主任、《新华日报》代总编辑等职。

⑧ 袁殊（1911—1987），中共谍报人员、记者、新闻学者。早年赴日攻读新闻学、东洋史。曾创办上海自修大学并设新闻专科。1931年3月创办的《文艺新闻》，最早揭露了左联五烈士被害的消息。1932年任新声通讯社记者，经潘汉年引介加入共产党。1942年卧底敌伪报纸《新中国报》，1945年10月转移到苏北解放区；1949年调入中央情报部门。著《记者道》《学校新闻讲话》《新闻大王赫斯特》等书；译《新闻法制论》等。

⑨ 王文萱，曾留学日本，1930年5月翻译杉村广太郎的《新闻概论》。1942年国立社会教育学院新闻系成立，王文萱在该系教授新闻业务课程。1947年年初，李宗仁授意萧一山在北平创办《经世日报》作为喉舌，任命王文萱、蓝文澄两位教授为主笔。

旅欧2人为胡愈之和储玉坤[①]（详情见表）。这些涉足新闻学研究的归国留学生兼容并蓄，汲取美、日、德等国新闻理论和马克思主义新闻思想的精华，进行本土化改良，亦从侧面反映出中国新闻学的理论来源。

三、中国早期新闻学人往往兼新闻实践、新闻教育、新闻研究于一身

1918年，北京大学新闻学研究会成立，徐宝璜负责讲授新闻学知识。他结合自身从业经验，参考欧美新闻学书目，形成课程讲义；再结合讲课心得，不断完善新闻学理论。1919年，国人自撰的第一本新闻学专著《新闻学》最终成书。徐在自序中细陈写书修书之过程："新闻学乃近世青年学问之一种，尚在发育时期。余对于斯学，虽曾稍事涉猎，然并无系统之研究。客岁蔡校长设立新闻学研究会，命余主任其事，并兼任导师。余乃于暑假中，正式加以研究，就所得著《新闻学大意》一篇，以为开会后讲演之用。……开会后，余继续研究，加以会员之质疑问难，时有心得，遂将原稿加以修改，成第二次之稿……"[②]显然，"曾稍事涉猎"指其曾经担任《晨报》主笔的工作经历。早期中国新闻学人兼具从业经验和新闻学教学经验者多会总结实践经验、丰富新闻理论、著书立说、传道授业，这种情况并不鲜见。

从早期新闻学著作的作者（编者）身份来看：本丛书涉及国内著（编）者30人，除李公凡、刘元钊和鲁风三人身份不详，仅蒋国珍[③]、项士元[④]二人没有明确的新闻从业经验。而在这25人中，更有20人兼具从业经历与从教经历。新闻学人大多具有新闻从业经历，学术研究、传承活动与新闻实践密不可分（详

---

① 储玉坤，1912年生，江苏宜兴人，笔名雨君、储华。1937年中央政治学校大学部新闻学及国际政治专业毕业。1938年1月任《文汇报》编辑兼社论撰述者；1938年5月担任《文汇报》法国哈瓦斯分社编辑；抗战胜利后，任《文汇报》总主笔。1946年5月转任《申报》主笔和法国新闻社远东分社中文部主任，兼任中国新闻专科学校教务长和沪江大学新闻系教授。著有《现代新闻学概论》《第二次世界大战史》《美国经济》。

② 邓绍根，中国新闻学的筚路蓝缕［M］. 北京：清华大学出版社，2015：244.

③ 蒋国珍出生于1896年，江苏溧阳人，做过学生运动领袖、国民党党员、教育工作者、政府职员、银行经理。曾加入上海学生运动，代表上海全国各界联合会、全国学生联合会、上海各界联合会、学生联合会四团体发声。虞文俊认为其传世的《中国新闻发达史》翻译自日本人伊藤武雄的《中国新闻发达史》，即蒋国珍应为此书的译者而非著者。

④ 项士元（1887—1959），佛教居士、学者。原名元勋，号慈圆，又号石槎。浙江临海人，通日、英、德、梵、俄文，一生佛学著作等身。25岁毕业于杭州府中学堂，后办私立小学和赤城初级师范，兼任各校教师；捐资并赠书创办了临海图书馆。项士元长期辗转江浙等地从事教育、新闻和史志方面的研究工作。中华人民共和国成立后主持台州文管会，任浙江省文史馆馆员。所著《浙江新闻史》是中国最早的新闻史之一。

见表1[①]）。

从新闻学著作本身来看，许多民国新闻学书籍正是新闻实践和新闻教育的直接产物：国人自撰的第一部新闻采访学专著——《实际应用新闻学》根据邵飘萍在北京大学新闻学研究会和平民大学新闻系的讲稿所著，《新闻学总论》一书则根据邵氏国立政法大学的新闻学讲义整理而成；周孝庵[②]根据自己在复旦大学的新闻学讲义编著了《最新实验新闻学》；郭步陶[③]的《本国新闻事业》是上海市私立申报新闻函授学校讲义之十一；而《新闻学的基础知识》本就是中美日报读讯会[④]为新闻学自修者所出版的教材《实用新闻学讲义》之一；储玉坤的《现代新闻学概论》则是专门为大学新闻理论教科书而编写的（详见表2）。

正是由于早期新闻学人兼新闻实践、新闻教育、新闻研究于一身，才能为理论教学与著述提供最鲜活的案例，促使新闻实践经验迅速融入新闻学理论研究。这是近代中国新闻学迅速发展的重要因素，对于当今的新闻学研究、新闻学教育工作也有重要启示。

本丛书编委会邀请相关领域资深专家进行研讨，认真甄选了书目，仔细进行了版本比较和甄别，从而保证了本丛书较高的学术权威性。

由于历史的局限，民国新闻学书籍的不足是明显的，如学术理论不成熟、部分话语和话题打上了深深的时代烙印等；又因书中涉及的新闻稿件写作于特定历史环境和历史年代，其表达方式不严谨亦不可避免。盖所选书目皆是历史文献，我们在审校中尽量保持其历史原貌，不做大的删改；对极个别对马克思

---

① 李秀云．留学生与中国新闻学［M］．天津：南开大学出版社，2009：239-251．本书中李秀云整理了民国期间从事新闻学研究的留学生44人，并分析其留学国别构成、专业构成、新闻实践经历、从教经历等。

② 周孝庵（1900—1973），佛教学者、律师、报人。松江府人。毕业于江苏省立第一商业学校。历任上海时事新报馆记者、编辑、主编，著《最新实验新闻学》。1928年秋被复旦大学聘为新闻学教授。曾于上海法政大学获法学学士学位，1930年兼律师。1932年主编上海《新闻报》“法律质疑”栏目、编著了《法律质疑汇编》。上海沦陷后，曾氏关闭了律师事务所，潜心佛学研究。

③ 郭步陶（1879—1962），原名成爽，后改名惜，字步陶。四川隆昌人。名记者、新闻研究者。1911—1917年任《申报》编辑，1917年任《新闻报》编辑主任、主笔。1930年任教于复旦大学新闻系。上海沦陷后赴香港，任职于《申报》（香港）、《星岛日报》；1939年创建中国新闻学院（香港）并任院长。抗战胜利后回沪任教于复旦大学、新中国学院。

④ 《中美日报》是“孤岛”时期的国民党报纸，为躲避日伪新闻检查，在美商罗斯福出版公司招牌下运作，副刊有《集纳》《堡垒》等。1938年11月创刊，1941年12月停刊，1945年8月复刊，次年4月终刊。总编先后为杨励民、查修、詹文浒，总主笔周宪文，执笔者有储玉坤、章丹枫等。胡道静曾任英文编辑。报社读讯会为自修新闻学的读者出版了《实用新闻学讲义》，共计10种，对编辑术、采访术、评论作法、新闻写作、新闻学史、剪报工作等都有专篇论述。

主义、共产党等的不适当叙述已进行了删除处理。

本丛书规模较大，从策划项目、搜集资料、校订编纂到审稿成书，历时两年有余。这50本书可能并非本本经典，其中有些内容亦有重复、雷同之处，但瑕不掩瑜，它们对于研究中国新闻学功不可没，作为新闻史资料极具研究价值。感谢中国传媒大学出版社和安徽大学新闻传播学院诸位老师的辛勤付出，也希望读者在本丛书中能读出更丰富的内容，获得启发并更深入地思考。

丛书主编　芮必峰

2018年5月7日

附表：

表1　著者受教育、从业、从教及著述情况列表

序号	姓名	是否留学及留学国家	从业经历	从教经历	著作
1	徐宝璜	美国密歇根大学，经济学、新闻学	北京《晨报》主笔	北京大学新闻学研究会、北京平民大学新闻系	《新闻学》《新闻事业》
2	戈公振	1927年赴美国、日本考察新闻事业	首创《图画时报》、“上海新闻记者联合会”会长、《申报》总管理处设计处主任兼《申报星期画刊》主编	上海南方大学新闻系、上海国民大学新闻系、复旦大学新闻系、上海沪江大学商学院、上海民治新闻学院	《新闻学撮要》《中国报学史》《新闻学》
3	邵飘萍	东京政法学校	《汉民日报》主编、《时事新报》《申报》《时报》主笔、创办“北京新闻编译社”、《京报》社长	北京大学新闻学研究会、北京平民大学新闻系、国立法政大学	《实际应用新闻学》《新闻学总论》
4	吴定九	日本名古屋工业专门学校土木工程	主持《京报》	北京平民大学新闻系、国立法政大学	《新闻事业经营法》
5	谢六逸	日本早稻田大学东洋文学史	《立报》文艺副刊《言林》主编、《国民周刊》《趣味》周刊主编	复旦大学新闻系、申报新闻函授学校、国立社会教育学院新闻系、暨南大学新闻系、大夏大学新闻系	《实用新闻学》《国外新闻事业》《新闻储藏研究》
6	黄天鹏	日本早稻田大学新闻系硕士	在北平创刊《新闻学刊》并担任主编	复旦大学新闻系、上海沪江大学商学院新闻学科	《新闻文学概论》《中国新闻事业》《新闻学入门》《新闻学概要》
7	赵敏恒	美国科罗拉多大学文学院、密苏里大学新闻学院、哥伦比亚大学新闻学院攻读英国文学和新闻学，并获新闻学硕士学位	纽约环球通讯社编辑，后加入路透社。“九一八”事变后为美国国际新闻社、伦敦《每日电讯报》《朝日新闻》等供稿。1945年10月任《新闻报》总编辑	复旦大学新闻系、中央政治学校新闻系、暨南大学新闻系	《外人在华的新闻事业》

续表

序号	姓名	是否留学及留学国家	从业经历	从教经历	著作
8	周孝庵	无	历任上海时事新报馆记者、编辑、主编；主编《上海新闻报》“法律质疑”栏目	复旦大学新闻系、新闻大学函授科	《最新实验新闻学》
9	张友渔	1930年、1932年、1935年多次赴日学习新闻学、考察日本新闻事业	《世界日报》编辑、《大同晚报》总编辑、《国民晚报》社长、《泰晤士报》总编辑、《新华日报》社论委员	燕京大学新闻系、北平民国学院新闻系	《新闻之理论与现象》《日本新闻发达史》
10	袁殊	日本新闻专科学校、早稻田大学历史系	创办《文艺新闻》《译报》、新声通讯社记者	上海自修大学新闻专科	《记者道》《学校新闻讲话》《新闻大王赫斯特》《新闻法制论》（译）
11	胡愈之	1928年法国巴黎大学攻读国际法	《东方杂志》编辑、创办《公理日报》、哈瓦斯通讯社远东分社中文部编辑主任、主编新加坡《南洋商报》		《胡愈之出版文集》
12	储玉坤	留法	《新闻报》编辑、《文汇报》编辑、法国哈瓦斯通讯社中国分社编辑、《文汇报》总主笔、《申报》主笔、法国新闻社远东分社中文部主任	中国新闻专科学校、沪江大学新闻系、之江大学新闻系、致用大学新闻学系	《现代新闻学概论》
13	任白涛	日本早稻田大学政治经济学	创办中国新闻学社、《新湖北日报》总编辑		《应用新闻学》《综合新闻学》
14	曹用先	美国密歇根大学①	上海商务印书馆编辑所②	大夏大学③	《新闻学》

① 毛彦文. 往事［M］. 北京：商务印书馆，2012：28.

② 雪林. 一段值得介绍的婚姻（红藏·生活·第四卷第三十八期）［M］. 湘潭：湘潭大学出版社，2014：435-437.

③ 毛彦文. 往事［M］. 北京：商务印书馆，2012：28.

续表

序号	姓名	是否留学及留学国家	从业经历	从教经历	著作
15	王文萱	留日①	《经世日报》②	国立社会教育学院新闻系③	《新闻概论》（译）
16	伍超	留美“攻读新闻科”④			《新闻学大纲》
17	郭步陶	无	《申报》编辑、《新闻报》编辑主任兼主笔、《申报》（香港）、《星岛日报》编辑	复旦大学新闻系、《申报》新闻函授学校、中国新闻学院（香港）、新中国学院	《本国新闻事业》
18	任毕明⑤	无	《民国日报》《时报》《快报》主笔、《大众日报》总编辑	香港中华新闻学院	《战时新闻学》《评论学十讲》
19	赵君豪⑥	无	《申报》副总编辑	上海商学院新闻专修科、复旦大学新闻系、上海法政学院新闻专修科	《中国近代之报业》《上海报人的奋斗》

① 杉村广太郎. 新闻概论·黄序［M］. 王文萱，译. 上海：联合书店，1930.

② 冯国定. 忆萧一山先生［M］//中国人民政治协商会议北京市委员会文史资料研究委员会文史资料选编（第43辑），北京：北京出版社，1992：104.

③ 苏州大学社会教育学院. 峥嵘岁月（第三集）［M］. 北京、上海、南京、苏州校会. 1991：229.

④ 伍超. 新闻学大纲·自序［M］. 上海：商务印书馆，1925.

⑤ 任毕明，原名任大任，生于1904年，广东鹤山人。1925年在广西梧州创办《民国日报》，曾任《时报》《快报》主笔，主持过香港的《大众日报》。参与创办香港中华新闻学院，并任教。著作有《龙虎集》《风云集》《社会大学》《新社会大学》《战时新闻学》和《评论学十讲》等。

⑥ 赵君豪（1900—？）江苏兴化人。报人。“五四时期”求学于上海交通大学，经常给著名的《民国日报》副刊《觉悟》投稿，并与时任《觉悟》编辑的邵力子讨论种种社会改造问题。毕业后进入《申报》馆工作，抗战后任《申报》副总编辑。1929、1942年两度兼任复旦大学新闻系编辑教授；1930年兼任上海法政学院新闻专修科教授，讲授采访学；曾任《申报》新闻函授学校教授。1944年10月在重庆出版《上海报人的奋斗》。

续表

序号	姓名	是否留学及留学国家	从业经历	从教经历	著作
20	杜绍文[①]	无	杭州《民国日报》国际版编辑、《东南日报》《前线日报》主笔兼《新闻战线》周刊主编、《东南日报》总编辑、《文汇报》办公室主任	复旦大学新闻系	《新闻政策》《中国报人之路》《战时报学讲话》《国际新闻纵横谈》
21	胡道静[②]	无	《万有文库》编辑、上海通志馆编修、《通报》《中美日报》《大晚报》等报记者、编辑、撰稿人	上海法政学院新闻专修科	《上海新闻事业之史的发展》
22	张静庐	无	创办上海杂志公司并出任总经理		《中国的新闻记者与新闻纸》《中国近代出版史料》《中国现代出版史料》《中国出版史料》《在出版界二十年》
23	萨空了	无	《北京晚报》编辑记者、《世界日报》画刊编辑、《世界画报》总编辑、天津《大公报》艺术半月刊主编	民国学院新闻系、北京新闻专科学校	《科学的新闻学概论》

① 杜绍文（1909—？），又名杜超彬，广东澄海人。1927年入复旦大学中文学新闻组学习，1931年留校助教。后任杭州《民国日报》国际版编辑、资料室主任、浙江《东南日报》主笔。抗战期间主编浙江战时新闻学会会刊《战时记者》月刊,《国民日报》总编辑、社长；抗战胜利后任上海《前线日报》主笔兼《新闻战线》周刊主编。1946年至1951年间任复旦大学新闻系教授，1952年任上海《文汇报》记者、编委办公室主任。著有《新闻政策》《中国报人之路》《战时报学讲话》《国际新闻纵横谈》。

② 胡道静（1913—2003），安徽泾县人。1931年毕业于上海持志大学国语系。曾参加《万有文库》编辑和上海通志馆编修工作。“孤岛”时期坚守上海新闻界抗日宣传工作，任《通报》《中美日报》《大晚报》《密勒氏评论报》记者、编辑、撰稿人，同时在上海法政学院新闻专修科讲授新闻史课程，为共产党的抗日宣传培养新闻干部。1949年后历任中华书局上海编辑所编辑、上海人民出版社编审等。

续表

序号	姓名	是否留学及留学国家	从业经历	从教经历	著作
24	管照微[①]		复旦大学校刊编辑、1931年兼任上海新闻社记者	兰州大学经济系	编《新闻学论集》
25	项士元				
26	蒋国珍	疑为《中国新闻发达史》的译者而非著者[②]			
28	李公凡	不详			
27	鲁风	不详			
28	刘元钊	不详			

① 管照微，高中就读于上海立达学园，曾与王济深、刘仲达、唐旭之等先后组织了“时潮社”和“立达剧团”。后进入复旦大学新闻系学习，与伍梦窗、林楚君、向浦、徐之津等加入了复旦大学“左联”，并负责复旦大学的校刊编辑工作。1933年12月21日因宣传左翼思想被捕，后任教于兰州大学经济系。

② 虞文俊是东亚中国新闻史研究第一人。《中国新闻发达史》译者蒋国珍初考［J］. 新闻界，2015（15）.

表2　书目

序号	年份	书名	作者	备注
1	1903	新闻学	〔日〕松本君平 著	
2	1913	实用新闻学	〔美〕休曼著 史青译	
3	1919.12	新闻学	徐宝璜[①] 著	北京大学 新闻研究会讲稿
4	1922.11	应用新闻学	任白涛[②] 著	
5	1923.8	实际应用新闻学	邵振青 著	北京平民大学、 国立法政大学讲义
6	1924.4	新闻事业	徐宝璜 胡愈之 著	
7	1924.6	新闻学总论	邵飘萍 著	
8	1925.1	新闻学大纲	伍超 著	
9	1925.2	新闻学撮要	戈公振[③] 编	
10	1927.9	中国新闻发达史	蒋国珍 著	
11	1927.11	中国报学史	戈公振 著	
12	1928.9	中国的新闻纸	张静庐 著	
13	1928.11	最新实验新闻学（上）	周孝庵 著	复旦大学新闻系
14	1928.11	最新实验新闻学（下）	周孝庵 著	复旦大学新闻系
15	1930.4	新闻事业经营法	吴定九 著	
16	1930.5	新闻概论	〔日〕杉村广太郎 著 王文萱 译	

① 徐宝璜，中国新闻学者、新闻教育家。1912年毕业于北京大学，后公费留美，于密歇根大学攻读经济学、新闻学。徐宝璜在美国密苏里大学受过系统的新闻学教育。

② 任白涛，笔名冷公、一碧，河南南阳人。1911年辛亥革命后，先后担任上海《民立报》《神州日报》《新闻报》驻河南特约通讯员，参加当地反袁活动。1916年留学日本，在早稻田大学攻读政治经济学，并加入了大日本新闻学会。

③ 戈公振所著的《中国报学史》最早由上海商务印书馆出版，是研究新闻学和我国新闻事业发展史的开山之作，国内外新闻界将之誉为中国首部新闻史学权威著作。任教上海国民大学期间，戈公振开始着手《中国报学史》一书的写作。在从事新闻工作之余，戈公振致力于新闻教育事业和新闻学研究工作，曾在上海国民大学、南方大学、大夏大学、复旦大学等校新闻系和杭州暑假报学讲习所讲授新闻学方面的课程，在新闻学研究上留下了许多著述。

续表

序号	年份	书名	作者	备注
17	1930.8	中国新闻事业（上）	黄天鹏[①] 著	
18	1930.8	中国新闻事业（下）	黄天鹏 著	
19	1930.8	新闻纸研究	〔日〕后藤武男 著 俞康德 译述	
20	1930.9	浙江新闻史（上）	项士元 编	
21	1930.9	浙江新闻史（下）	项士元 编	
22	1932.7	学校新闻讲话	袁殊 著	
23	1932.8	外人在华的新闻事业	赵敏恒 著	
24	1933.4	新闻学入门	黄天鹏 著	
25	1933.10	新闻学论集	管照微 编	复旦新闻学会丛书
26	1935	实用新闻学（上）	谢六逸[②] 编	申报新闻函授学校讲义之三
27	1935	实用新闻学（下）	谢六逸 编	申报新闻函授学校讲义之三
28	1934.1	新闻学	曹用先	
29	1934.2	新闻学概要	黄天鹏 编	复旦大学讲义、上海沪江大学新闻学专修科
30	1935	上海新闻事业之史的发展	胡道静 著	
31	1936.5	新闻学讲话	刘元钊 编著	

① 黄天鹏，字天鹏，别号天庐。1927年1月，他创办了我国首个新闻学刊（1929年扩改为《报学月刊》）并任主编；他是我国新闻学术史上最早研究新闻学之产生及发展史的学者，是我国具有新闻学术史观的第一人。他于1923年就读于北京平民大学报学系，1929年留学日本,修业新研究所,旋入早稻田大学新闻系。归国后出版了《新闻文学概论》《中国新闻事业》《新闻学入门》《新闻学概要》等十余本新闻学专著。

② 谢六逸，中国现代新闻教育事业的奠基者之一。著名的作家、翻译家、教授。1917年以公费生身份赴日就读于早稻田大学。1922年毕业归国，入商务印书馆工作。后历任神州女校教务主任及暨南大学、复旦大学、大夏大学教授。1930年任复旦大学中文系主任，并创设了后来闻名海内外的复旦大学新闻系，任主任。

续表

序号	年份	书名	作者	备注
32	1936	本国新闻事业	郭步陶 编著	申报新闻函授学校讲义十一
33	1936.6	新闻之理论与现象	张友渔 著	
34	1936.11	记者道	袁殊 著	
35	1937.7	现代新闻学概论	储玉坤 著	国民党政府唯一指定大学新闻理论教科书
36	1938.7	战时新闻学	任毕明 著	
37	1938.9	中国近代之报业（上）	赵君豪 著	
38	1938.9	中国近代之报业（下）	赵君豪 著	
39	1938.10	基础新闻学	李公凡 著	
40	1939.7	中国报人之路	杜绍文 著	
41	1940.4	新闻学	戈公振 著	1932 年完稿，另有 1947 年版
42	1941	新闻学的基础知识（上）	中美日报读讯会 编	中美日报读讯会实用新闻学讲义
43	1941	新闻学的基础知识（下）	中美日报读讯会 编	中美日报读讯会实用新闻学讲义
44	1941.7	综合新闻学 1	任白涛 著	
45	1941.7	综合新闻学 2	任白涛 著	
46	1941.7	综合新闻学 3	任白涛 著	
47	1944.9	新闻学	鲁风 著	新中国自修学院约稿
48	1946.6	科学的新闻学概论	萨空了 著	另有 1945.3 出版的署名艾秋飚的版本
49	1946.11	新闻史上的新时代	胡道静 著	
50	1947.12	新闻学的理论与实际	〔英〕斯蒂德 著 王季深 吴饮冰 译	上海文化函授学校读本

新聞學論集目次

序言……謝六逸

第一輯

新聞學論……一
新聞教育之重要及其設施……一五
社會的黑暗面與世界決鬭場……四〇
向Journalism之道……四三
Journalism與文學……五九
新集納主義與新寫實主義……七五
輿論與新聞……七九
注音符號與新聞紙……一一五
論中國所需要的言論出版集會結社的自由……一一九

第二輯

報紙的將來……一四五
報紙的評論……一五六
編輯的藝術……一七一
報紙的實益主義……一七七
從襄助民治訓練良好公民談到中國的新聞紙……一九四
今日中國報界應有的覺悟……二〇七
資本主義新聞事業的危機……二一三
新時代的新聞記者……二二三

第三輯

中國報紙的批評……二二九
封建勢力在報紙上……二三八
評上海各日報的編輯法……二五〇

後記……二六一

序

現在的交通機關日益進步，大家知道飛機，火車，輪船是交通的利器，但卻忘記報紙也是利器之一，辦報的人沒有使它的職能充分發展。

我國的報紙雖有幾十年的歷史，然而到現在多數報紙的內容腐敗如故，新聞記者的麻木如故，這是什麼道理呢？主要的原因，就是我國只有「辦」報的人和「看」報的人；缺少「批判」報紙的人和「研究」報紙的人。所以儘管「辦」報幾十年，儘管「看」報幾十年，而報紙的「辦法」和「看法」依然是老不變更，這樣下去，報紙的社會的「交通機關」的職能自然無由施展了。

想使國內的報紙能夠改良進步，唯一的方法是先要樹立新興的新聞學理論，然後依照理論以求改革，淺薄的經驗只能處理日常的事務。更具體地說，新聞學的理論與技能必須努力研究，如儘量介紹國外關於新聞學的知識便是一種方法。

國內近年出版了不少書籍，可是新聞學的著作極少。管照微君蒐集各種刊物上的新聞學著作，編爲一冊，既便閱覽又使散漫的文章有組織有系統，在我個人看來，不能不說是一種有意義的工作了。

謝六逸 一九三三年四月十六日。於復旦大學。

新聞學論

袁殊

一　新聞之社會存在的價值

新聞是助長社會文化的一種動力；同時新聞在社會存在的價值，也是被文化的程度所影響的。而社會文化的條件，又必須由社會經濟制度所決定。照現在看來，新聞紙存在的最大功效，據所有的新聞學者的見地，都不外是：一、輿論機關——代表民衆的喉舌；二、文化機關——對社會智識的供給；三、一切人類生活現象的仲介機關。除這以外，當然還有很多的解釋，但是不會越出這三個大的原則。

其次，我們再看新聞學者 W. G. Bleyer 在 Newspaper Writing and Editing 一書

裏對於「新聞」所下的定義，他說：『新聞是把最合時宜的事件給與羣衆以興味而最好的新聞是給與最大多數人以最大的興味。（News is anything timely that interests a number of people, and the best news is that which has the greatest interest for the greatest number.）』這樣，再加以新聞製作的三個要素：一、採訪，印刷，出版，發行等在時間上之迅急；二、事實性質在報告之正確；三、事件批判態度之公正不偏；於是就完成了所謂『新聞價值。』

把新聞本身在過去直到現在，如上面所說的冠冕堂皇的定義看來，現在我們就可以開始在事實上去考察。

新聞之社會存在的價值，是否誠如目下所謂『新聞紙是社會人日常生活裏必須的食糧？』假如這問題的出發的和結論的立場，都站在帝國主義資本主義經濟支配下來說是根本要給牠一個完全的否定！我們不妨搜集一切現在文明社會裏銷行最廣的，設置最完善的，主持者以及所有的服役者——記者，編輯，通訊機關——都是最有學識而抱着最 Mordern Journalism 的這些報紙的報面來看，上面一切的記載，究竟是不是『人類生活時刻變動的現象的全部？』——所謂『最大多數人的最大的興味』的意識形態在那裏？

另一方面，新聞社之組織與新聞經營之基礎，無論什麼計劃與實際的行爲；都是依附於資本主義上的。其進展便成了『新聞紙的商品化。』現代新聞紙，根據這個條件而決定，正和其他的一般的資本企業一樣的。所以新聞紙在牠資本企業化的進展的途中，不得不因資本發展的因果，作强權者的御用的欺詐的工具。

新聞紙把這種矛盾的事實，應用到虛僞的原則去；其結果怎樣呢？於是News之來源，及輿論的根據，都是爲着資本家壓迫民衆的傳達機關，都是爲着封建勢力擔任防禦；提倡自私的道德，發揚奴隷的倫理；所謂『最大多數人的最大興味，』就集中在一切鄙卑的慾念之心理和低劣的趣味之享受上。在外表上，因科學技術的進步，裝飾了資本主義社會的文化。讀者被欺瞞着，社會心理被愚弄着，歷史上所有的因襲被持續下去；新聞紙就成爲大多數人之大多數的利益之敵對了。

輿論也者，是處於少數的方面，偶然給與多數人以些微的憐憫和同情；文化也者，是資產階級文化的宣傳；News也者，是强權者掠奪的勝利，是一切資本主義制度下的矛盾，是一切被壓迫羣衆的苦痛而加以滑稽的標題，與諷刺的描寫。辛克萊寫過一本『Prass check』的書，暴露了在黃金萬能的美國，新聞紙如何地成爲有產階級的惡辣的利用機關，而美國不正是全世界新聞事業最發展最進步的國家嗎？**新聞紙是最時間性的一種人類生活的日記**，在目前的現代新聞趨向下產生出來的新聞紙，實在是成了**人類文化發展的阻力**。

我們當前階段的新聞紙是如此。不是爲讀者的需要而存在；却是爲牠自己的生存而依附於讀者。所以，新聞之社會存在的價值，我們須要處在新聞本身發生的原義上，予以從新的估定。在這還未診斷以前，是又有一看新聞紙的發生的必要：

無論那一個時代，無論在那一種社會的人，都有『要知道，』『給知道，』『不知道』三個共同的慾念與心理的。新聞就是從這個共同的慾念與心理中產生出來：——因爲有『要知道』的慾念，就生出了讀者；因爲有『給知道』的慾念，就生出了新聞；因爲有『不知道』的心思，就生出了新聞的廣告。於是，新聞的任務，就成了報告社會所『不知道』和『必須知道』的事實，又必須是符合於需要者的興味的。

但是，這些『事實』牠的發生，牠外表與內容，牠與其他有關係的別的事實……總之，作成News的這事實的範圍和性質，是廣泛？是狹小？是複雜？是單純？都是臨時或發生的當時所不能驟然決定；而又必須在驟然中有以辨別的。這樣，假如報告事實者，若不詳盡忠實；批評事實者，又若存有主觀；那末讀者的理智和感情，都有受擾亂的可能。現代的新聞學者和新聞從事者，都是異口同聲的要說：報告忠實詳確，批評公允。以圖騙取讀者對於報紙的信任。其實，現代新聞經營的經濟資本化，都是在事實上絕對不能像所期望的忠實。

這樣，現在我們可以來下一個結論。新聞之社會存在的價值，是要代表人類最大多數的羣衆意向，表現這最大多數人的意識；而給予這最大多數人以由於意識所出發的行動之實現的啓示。——即是，News的來源，一是被壓迫羣衆所遭遇的一切不幸的苦痛，以及其爲他們底利益而作廣大的宣傳的活動；一是資本家在法律，政治，軍事，經濟……等等手段上對最大多數人民剝削的陰謀之宣佈。在前面，已引出了現代的新聞學者，對於新聞價值的定義說是『給與羣衆以興味在最合時宜的事件之報告，而良好的新聞是給與最大多數人以最大的興味。』這也不啻是說，新聞是爲最大多數的人而存在的。那末無可諱言的，新聞本身的存在價值，在目前階段的社會裏，是屬於一切被壓迫的民衆的。在將來的自由的社會裏，是屬於全人類的。

二　現代新聞之成長及其內在

現在，每天朝夕和我們接觸的新聞是什麽呢？在前面已反覆地診斷過了。當我們把現在的所謂有權威的大新聞展開在手上時，這個已經是最大多數人意識的敵對了：牠是很早就隨了資本經濟的條件而商品化，而離開了新聞底本身的存在價值。

關於這，在此地我們且來給牠一個解剖看。第一，我們還得在分析以前，先把現代新聞的本質加以說明。

在前章的敍說裏，我們已說出新聞之社會存在的價值，同時我們也說出了現代新聞的最大的矛盾。所以，現代新聞的本質，就是直接隸屬於資本家的新聞。普通，一般所說的新聞，是持着怎樣的一種性質呢？那並不是直接地代表社會全體的利害，且去報告着的，而祗是對那資本家底利益作擁護者並努力去謀增進的。無疑地，牠是備屬於資本家所特有的機關新聞。

但是具有這樣性質的新聞，在廣大的讀者面前，常常都是把這本質隱蔽着的。表面上，總稱爲着社會的公平。幷且，還以輿論的指導，及所謂社會教育者爲自任。然而我們讀報的人，每日所注目的讀着那幾大張時，果真有所被教育的地方嗎？果真又有所被指導的地方嗎？恐怕我們把自己底眼睛看瞎了，終於只知道油墨與鉛字的陰鬱而外就什麼都沒有吧。

資本主義底發達，必然地使新聞成爲商品化了。在從這以前，報紙底論說，是要把持着政治主張底重要性以立論的；但是新聞底商品化，是以營利爲本位，利潤的獲得爲第一主義。所以現代的新聞，把一般社會娛樂，爲努力的最大目標；如載刊長篇的才子佳人，或武俠忠義等體裁的小說，歌功頌德的詩歌，電影的宣傳，運動記事；以至於名伶明星及女運動員足球大王等等詳盡無遺的新聞內容，幾乎浪費去全篇幅的百分之五十。而社論時評，學術記載，以及其他有價值的文字，則減少得幾於沒有了。

此刻，我們隨便檢閱上海的各大報——即全國銷行最廣的大報拿出牠的每天的全份來看，新聞篇幅佔多少？廣告篇幅佔多少？似乎講學說教般的而又是格言體的社評又佔多少？除了國慶元旦或以外的什麼紀念日出版的特刊上，登了些——事前向名流學者們挪來的——題字，祝詞，乃至政治報告及訓世箴言等等之外；平日有過學術記載沒有？所謂報屁股的『自由談』與『快活林』等，又是怎樣的東西？——即且廣泛的僅論量而不言質，這是也無須要來舉那不勝其舉的例證吧。實際不是很充份的反照了某種新聞之本質了嗎？固然，中國的新聞紙，還不過正追隨着中國的社會經濟之發展，而仍是在『向着資本主義的途中。』

三　現代新聞經營的兩大矛盾

現代傭屬於資本家的新聞紙，成爲資本家效勞的報導機關；陷落在不得其果的境遇中。這即是資本家的新聞，牠自身的內容形成了兩大矛盾，——招來了財政的矛盾，及階級的對立。於是就不得不放棄了那新聞本質的任務，終於作了少數資本家的助役機關。所以新聞在目前，除了一般社會娛樂外，太半變作野心家所操縱的以大衆爲對象來施展其欺騙的『仲介機關』了。

關於這墮落新聞的財政的及階級的兩大矛盾；在此可以作進一步的說明。

但是，在中國尚滯留在幼稚時期的新聞界，頗不易覓擧顯明的例證——這也有兩種理由，即是中國新聞界的財政情況，如非同報館的最高主筆有交往，是極難得明瞭的中國研究新聞學的人，很少有此種文字的材料可以供參考。即報館本身，也不見有將其報館內部的一切報告於社會的出版物。還有一個理由，中國新聞紙，除了較大的三兩家報館，現在可以收支獨立並營利外，其餘政黨的機關報或半機關報，其財政的來源，是受完全津貼或一部津貼的；甚至有的竟依賴小軍閥和政客們的個別津貼來維繫其存在的。像這樣，社會如要求明白報館內部的財政，這也不待說的是不可能的了——所以，不得不找別國的資料來作敍述的根據了。

本來，報紙的經營，在資本主義的社會裏，已成爲一種企業；若是沒有很多的投資基金，一旦如果受了損失，那就很難存續下去的。在普通的經營和維持上，雖是依賴於賣報所得收入及廣告收入；然而，在現在的新聞的自身，差不多完全是依持廣告的收入以維持着經營的。美國的新聞報館之全部收入的百分之九十是廣告收入；日本的新聞，朝日、日日、國民、報知，這四大新聞的廣告收入的平均率，都達到百分之六十弱。這個相差的指數，正是新聞在資本主義的社會中之發展程度。

新聞社既賴廣告的收入維繫其生命的存續；若在新聞記事中揭載了稍有不利於廣告主方面的言詞，是否即刻就會引起廣告主方面的反感，而且拒絕在報紙上登刊廣告，藉斷報館方面的收入？如果，報館僅爲大多數人的利益之立場，揭載那眞實的本質的新聞，幷如何以講求適於民衆的興味；則經濟的流動停滯了，事實是否還允許其有報導的可能？於是，報紙就不得不還就廣告主——資本家們惡辣的營利政策，而必然的是要作虛僞的報導了！例如這種情況的場合，新聞社無論如何是要屈服地絕對禁止刊載於廣告主不利的消息或文字的。

數年前，某星期日東京的百貨商店三越吳服店，發生了因建造不妥的崩落事件；店主在事情發生後，一面以錢賄賂報社記者，一面以不登廣告爲恫嚇，希求報紙不要登出這事件的記事。結果，新聞社屈服於要挾了。

此外，還有一種是揭載意識的誇大記事；雖然在現時的中國新聞紙上還找不出極端的例來；但西洋資本主義發達的社會裏，新聞的墮落，是特別的不堪。牠不但如前所指的僅是不豎不利於廣告主方面的新聞；牠且更揭載意識誇大的記事。

美國某報，有一天忽然刊出某女電影明星的自殺消息，但是記事中說明這明星的自殺是與廣告的一種商品結成一個巧妙的關係。其實這明星的自殺完全是假的。因爲明星是很有名的，間接的可以作一個盛大的廣告宣傳。

如此爲公然的欺詐，這難道是唱着New-journalism所應當的嗎？在資本主義社會裏，資本家經營之下的新聞，這種道德的墮落，是被經濟條件所決定了。

被商品化了的新聞，要如何才可以有多量的生產？——方可以得廣大的銷行？這是最根本的問題。現在，正是以勞動問題爲中心的社會問題的記事新聞，最可引起大多數人的注意。而爲資本主義經濟所控制了的報紙，大都隱去了這真實情況，傾向資本家方面，簡單的作了迴避的記述。或竟完全忽略的被抹煞過去。

再拿日本過去的前例來看。趁歐洲大戰的經過，日本資本主義得了高度的發展，約從大正七八年起，勞動運動也得了極速的發達。勞資的鬭爭非常急烈，同盟罷工頻頻發生；在這時候，日本資本家的新聞，也跟着趨勢急忙的採用精於社會主義，諳悉新思潮的記者，以便從事於這突起的新的社會事象的新聞記事之活動，處在推廣報紙銷路的立場，很盛旺的訪採載刊勞動問題的新聞；但是這間接對勞動者們的同盟鬬爭，却沒有得到援助的效果。這是什麼緣故呢？當然是新聞記事的內容起不出作用來。然而，資本家的新聞，無論何時不僅是不能給予大衆以援助，而且也完全暴露了陰謀的狐狸尾了。

這裏，我們已明瞭了資本家的新聞所持的本質。那末，普通知道的所謂『新聞，』是與一般的民衆已成爲無緣的東西；這事是也證實了。

記得天津某工場，先減了工友的工資，然後宣布實行八小時工作制度。在工人並沒得着絲毫的實惠，大公報却刊着大標題的新聞記事，特作社評來讚揚某工場的如何社會主義化，勞動者從此可以如何的安心來同資方協作，如何以求獲得多量的生產而振興國家的實業等等。這即是一個虛僞的宣傳作用。

（此係從前由友傳述而知，故不知工場名目是什麼，這八小時制度實行的實際情形怎樣，大公報的新聞與社評也未看見；所以也許有訛誤的，特註之以待其他的證實。

如此的新聞，一般的民衆必須加以注意。

現代的新聞，既具有財政的及階級的雙重矛盾；無可諱言的牠是作了資本家的壓迫的武器了。

這是我個人研究新聞學工作的一部份的表現。完全處在絕對的新聞學的原理而同時聯繫到時代思潮上的。爲了環境的方便與可能，這祇是整個理論的一個序節。稿的一半是去年暑期在東京草起的，這裏祇發表三節。新聞學是現代學術的一科，這在中國，我們要推動牠前進。

一九三一，九，一，上海。

——自現代學術月刊第一卷第二期

新聞教育的重要及其設施

謝六逸

本文草於十八年，彼時上海各報編輯方法，多未改變，故文中立論，不免求全責備，閱者諒之。

六逸附識 廿二年四月。

一

菲力浦氏(Wendell Philips)曾說：『News是一切人的父母，學校，大學，講壇，劇場，模範，顧問。』報紙對於社會的各階級，成爲重要的食糧，在今日已用不着饒舌了。

假使一個人隱居在深山大澤，不願意做一個「社會人」，那麼，不看報也是可以的。但是這種人和野蠻人沒有什麽差異。文明人是沒有一天不讀報，並且在每天很早的時候就想讀報的。因爲「看報就是看社會」新聞記者從社會裏蒐集了許多材料，經過他們的整理安排，作成報紙，再將它送還社會，所以可以說，報紙上記載的，就是提煉過的社會。一個人的能力有限，不能經驗人世間的各種生活，也不能把所有的知識都吸收在腦裏。我們每天只費少許的時間，打開報紙一看，那上面便有着鮮明的社會的縮圖。他能告訴我們什麽樣的生活是悲慘的，什麽樣的生活是快樂的；現在的世界是怎樣的狀態，現代的學術進步到怎樣的地步。我們兒時在小學校讀書，除開國文算術之外，還得要讀歷史地理。現代的報紙，就是人生的地理教科書，人生的歷史教科書，社會教科書等等。它能指導青年，它能指導成人，甚至於隱居在「菟裘」裏的封翁，它也能暗中指導。只有無知無識的野蠻人，同它不發生關係。

報紙的本身，無論對於那一個階級，都有很大的貢獻。它的內容，包含着各種材料，供給兒童，青年，成人，以及從事凡百事業的人閱覽。所以它是兒童教育、家庭教育、學校教育、社會教育的一種鋒銳的利器。學究們編輯的教科書，有適合於青年的，但未見得就適合於成年人，若在報紙，它所包羅的資料很多，可以供給大家的採擷，並且那些資料，常是最新鮮的果實。它所用的文字是很明朗的，趣味是很高尚的。所以大家在看報時的愉快，遠過於誦讀一切的書籍。

就中國目前的情況說起來，理想的報紙的製作，自然是不容易的，可是能夠鑑別報紙的好壞的人——就是善於看報的人，也是不常有的。中國現在著名的報館裏，有許多記者連新聞價值（News Value）是什麼還弄不清楚。例如在九十度的暑天，數十萬的上海閘北的住戶，不知什麼原故，忽然有兩天沒有一滴自來水，但是報紙上却沒有隻字的記載。但是某姓（並非記者心目中的要人）有姊氏死亡而妹往填房的新聞，却很用力地登載出來（這些實例，我們都剪下保存著的。）以最普通的新聞價值的意義尚且不知，更談不到什麼編輯方針科學管理等事了。又如廣告圖案的拙劣，也是吾華報紙的特產。例如出售腹脹病藥的廣告，就畫一個枯瘦如柴而肚子特別大的人，愁眉苦臉的坐在椅子上；賣瀉藥的就畫上一位太太坐在馬桶上吐瀉，賣香煙的總是哥哥打電話力勸妹妹吸××牌名煙。此外如編輯方法的缺少常識，發行販賣之不合理，真是寫也寫不完的再就我國的閱報的人來說，有許多也是用着奇異的方法在看報。例如只翻開本埠新聞（本埠者上海也）來看看有無强姦的新聞就算看報的，或是只翻閱「報屁股」（好美麗的名稱！）也算看報的。辦報的人是十數年如一日的辦下去，看報的人是永遠的看「報屁股」下去，所以我國報紙的改善是遙遙無期的，而報紙的好壞也沒有一個人出來說一句有批評價值的話了。如此這般，近代的報紙在中國是早已失掉了它的功能，埋沒了它的使命了。

照這樣看來，「新聞教育」在我國是最切要的。所謂「新聞教育，」包含着兩種意義：（a）就普通的學校說，應該設新聞學的學科（Journalism Course）由教師講授新聞學的常識，幷指導學生爲學校辦「學校新聞」。（b）就專門以上的學校說，應該開辦新聞學系（School of Journalism），爲本國報館培植人材。

所謂普通的學校，是指初高級中學及職業學校而言，我常見有許多中學生，因爲學校經濟的困難，不能爲學校辦刊物，而自己去辦「壁報」的，仔細一看那壁報的文字，以調笑輕佻的居多，真能傳達消息，發表言論的，很難尋覓。一旦在普通的學校裏增設了新聞學科，經教師的指導督促，自然容易養成勤於寫作，勇於任事的習慣，於是團結、合作、活潑、靈敏諸種美德，也必隨之俱來。這對於中學生的未來的職業是很有幫助的。因爲他們在求學時，對於印刷、排字、製版、校對、寫作等等的事務，已可知其大概，將來畢業之後，假使對於這方面有興味的話，他們可以成爲理想中的印刷工人或排字工人，而這種工人的地位便賴以增進。再就教育者的地位說，單靠幾本教科書做教材，學生所得的知識是呆板的，如其能夠採用善良的新聞記載作爲教材，便是活的知識，是最佳的補充教材。試舉作文一科來作例，其中的議論文說明文記敍文三種體例是很重要的，教師能夠將活鮮鮮的材料教他們寫成新聞，必能增進學生的寫作的能率與興味。但是教師沒有新聞學的素養，便不能事半功倍了。總括起來，普通的學校設有新聞學的課程，至少有下列的幾種益處：

一　寫作能力的養成。

二　新聞閱覽的研究。

三　新聞好壞的鑑別。

四　職業教育的預備。

五　由報紙上的記載，受到活鮮鮮的教育。

其次，再就大學校與專門學校的新聞學系來講。

談到這一點，我先要對於現在國內的大學的特殊性質申訴幾句。我以爲現在國內的大學（無論國立或私立，）並非能夠完成大學的學術的使命的大學。現所培植出來的人材，他們的知識，不過比高級中學程度的學生高一點，發明與發現固然講不到，要求頭腦清楚，能夠祖述時賢的學說的人，也是稀有的。原因在於現在辦大學的人，不知道大學的本身，有完成學術獨立的使命，他們只拿一點粗淺的知識販賣給學生。就是說，他們所給予學生的知識，只有半截，剩餘下來的半截到什麼地方去拿呢？他們好像在說：『到美國的大學去拿呀！』試問美國的大學，是否爲希臘拉丁的大學而存在的呢？（這裏要請閱者注意的，我並不是反對大學畢業生赴海外升學，我是反對辦學的人，因爲大學畢業生還有海外可以留學，因而倚賴別人，把自己的大學因陋就簡的辦下去。）因此我對於本國的大學，下了一個定義曰：『中國大學者，爲準備留學某某國之大學是也。』大學是一國的最高學府，最高學府不能獨立地完成其學術的使命，不能使大學生在學術上的研究告一段落，殊令人有「大學無用」之感。一所大學要想完成其最高的使命，最起碼的要求有兩點：其一，各種學術研究的完備；其二，注意社會的環境與需要。就第一點說，大學各學院各學系的設備應該完全；就第二點說，應該審視社會所需要的人材，加以充分的指導和訓練。

根據這兩種理由，我竭力主張大學的文學院，應該開辦新聞學系或新聞學專修科。

第一，爲大學的福利起見，有開辦新聞學系的必要。現在國立的大學，年耗一百幾十萬的公帑，想必從教授起到學生止，都正忙亂於埋頭研究罷。我們總希望這些學者們將研究所得的，拿點出來發表。一所大學，至少要有代表這所大學的幾種刊物，就是季刊、月刊、週刊、半月刊、日報之類。現在國內出版的刊物，有哪一種是大學生產出來的？有哪一所大學所辦的刊物，可以拿出來見世面的？雖然有一兩種，不過是「課卷式」的刊物，編輯時依然用着極舊的三段式的方法——就是「拉稿」「照秩序排列」「送印刷所」如此而已。至於內容的變化與編輯的手腕，是全然沒有注意到的。編輯者沒有Journalism的知識的素養，每每使得好文章不會引起閱者的注意。沒有發表文章的好刊物，也不會促進寫作者的發表慾望。大學裏沒有代表學校精神的刊物，彷彿大家都在暗中摸索，甚至於社會也會把它的存在忘記了的。學校刊物之中，最重要的是「大學新聞」(College News。）在美國，自一八八三年以後，就有二百以上的大學新聞，三百以上的大學雜誌。有的是單純的報道機關，這種名叫Boarding paper；有的是兼有言論機關的，這種名叫Journal of Opinion。這些大學新聞，常執全校輿論與消息的牛耳。例如一九二四年哈佛大學的大學新聞「Crimson」，曾因思想問題，引起伯克教授（Prof

Baker）事件，又如波斯頓大學的大學新聞，爲了軍事訓練的强制問題，惹起了軒然大波；紐約大學也因同樣的問題，以大學新聞爲中心，實行學生總投票（Referendum），結果以二九一二票的多數對三四九票的少數，否決了强制軍事訓練問題。這並不是說大學新聞是煽動的工具，乃是公平無私的誠摯的報告與批判，不過盡其大學新聞的職責而已。又如日本的早稻田大學除發行大學新聞，報告師生的舉動，披露學術消息而外，更特設一大規模的出版部，出版了不少的專門學術的論著，成爲東京的一種有力的書肆。這些例證，是舉出來說明大學新聞足以代表一個大學的精神，有了大學新聞，足以使大學活潑有生氣，使全校師生親如晤對。至於負辦理大學新聞的專責的，當然以大學的新聞學系學生爲中心，而令全校的有志者輔佐之。所以新聞學系在一個大學裏，它佔極重要的地位，它負擔重要的使命，它直接替學校服務，間接爲社會服務。假使學校不願意社會忘記自己的存在，應該知道新聞系的重要，而將它開辦起來。

第二，爲社會的需要起見，有開辦新聞學系的必要。

近代的報紙是一所極大的文化大學。而且是永無卒業時期的大學。它的學生就是全社會的民衆。普通的學校教育是在特定的時間，把特定的知識，施教於特定的學生。報紙是將非特定的知識與問題，教授非特定的學生。學校教育把原理原則教人，報紙將實際狀況教人。學校教的是過去的社會，報紙教的是眼前的社會，把現代的社會人所必需的經驗知識資料供給它的學生。要想把知識普通化民衆化，沒有比報紙更大更適宜的機關了。報紙把政治、經濟、文學、藝術、科學、運動等專門的知識與技術，使之通俗化，使之民衆化。倫理學家宗教家的乾燥無味的道德，被人拒絕於千里之外，但一經報紙濾過，則道德就不難普遍民衆化了。有人說，一國文化的進步與否，只看一國的出版物便知，這裏所謂出版物，當然連報紙也包括在內。中國的大都市有幾種報紙，我們可以數得清的。每種能否達到上述的職能，在本文裏沒有再嚕囌的餘裕。我們只看見惡俗趣味主義的小報日愈增加，有數的幾家大報的內容日漸開倒車。「地方報」是如鳳毛麟角。歸根結局，在多數人的腦筋裏，以爲新聞記者是任何人都可以做的。所以辦報的人常是無聊的政客，報紙的企業是政客官僚們刮地皮餘剩下來的殘肴。於是新聞記者有「老槍」有「敲竹槓」的流氓，有公然索詐津貼的，有專門叨擾商家酒食的，有奔走權門以圖一官半職的，種種醜態，罄筆難書。我們想，把社會教育機關的報紙，託付在這一般江湖文氓的手裏，我們還忍心說報紙是宣揚文化的機關嗎？處現在的中國情狀之下，我們敢大聲疾呼的說，惡劣的報紙，正如毒物一般，在每天的早晚，殘殺最有爲的青年，頹唐健全的國民。看報紙的人的頭腦浸潤在戰爭、姦殺、盜竊、娼寮、酒食、冠蓋往來、買辦暴富裏面。一切受苦受難之聲音，被虐被搾的實況，國際情勢的變遷，近代學術的趨向，是永遠和中國的閱報者絕緣的。假使把中國現在的幾家大報的新聞，翻譯一二段外國文，送到國外報紙上去登載，必然被人家尊重爲「支那特產」無疑。我們現在的唯一方法，就是由大學校本其完成學術研究的使命的決心，創辦新聞學系，爲本國報館培養經營人材，培養編輯人材，同時爲普通學校培養新聞教育人材；使這些學子有充分的新聞學知識與技能，有正確的文藝觀念，富有歷史、政治、經濟的知識。有指導社會的能力。中國既然有國立或私立的大學，用不着等外國人到國內來替我們培植，這種新聞教育的責任，是辦大學教育的人應該負擔的。

第三，就學生的本身說，也有開辦新聞學系的必要。

新聞學的知識與技能，是最活用的知識。別的課程與社會直接發生接觸機會的時候較少，只有研究新聞學的學生，他們幾乎是完全浸潤在實際社會生活裏面。他們對於一切生活的體驗與觀察，較之任何學系的學生爲豐富。同時新聞學系的學生對於各種社會科學必須涉獵，所以他們的常識最爲充分。將來他們擇業的時候，除了報館以外，還可以選擇其他的職務。國內的地方報將來應該會增加的，只要時代來了，地方報的創辦的責任，就在新聞學系學生的雙肩上。舉一個例來說，將來江灣以北的地方，將成爲上海市的中心，那時人口增加，商業繁盛。江灣區域的居民，是很需要一種報紙的。江灣復旦大學新聞學系的學生，就可以辦一種報紙來供給他們，正如美國的米蘇里大學(Missouri University)的新聞學系辦報供給米蘇里地方的人閱讀一樣。將來中國的文化進步，報紙的需要增加，同時老朽的報紙亦將歸淘汰現在研究新聞學的學生，決不至於無用武之地，這是可以斷言的。

二

我們既然知道新聞教育的重要，第二步就要問到設施的方針如何？關於新聞學系設施的問題，可以分做三方面來講：一是課程，二是設備，三是永久的計劃。

（a）課程方面

新聞學系課程，應理論與實驗並重，就其性質，可別爲五項。

（1）基礎知識

此項包括大學必修課程，如本國文學、英文、第二外國語、心理學、邏輯、統計學、及其他自然科學社會科學等。

（2）專門知識

此項包括新聞學理論與實際兩方面課程，如報學概論、編輯、採訪、報館組織、管理、廣告、發行、照相繪畫、印刷等。

（3）輔導知識

此項包括新聞記者應有的政治、社會、法律、經濟、歷史、地理、外交等知識。

（4）寫作技能

此項包括評論寫作、通訊寫作、新聞寫作、速記術、校對術等。

（5）實習與考察

（甲）實習

（a）介紹學生至設備完全之報館及通訊社實習，由本系教授指導。

（b）自辦報館及印刷所、通訊社，使學生服務。（現復旦大學辦有「復旦五日刊，」「復旦通訊社，」供學生實習。）

（乙）考察

（a）介紹學生至著名報館及通訊社參觀。

（b）率領學生赴國外考察新聞事業。

（說明）凡大學第一二年級學生，須讀完大學必修學程，故新聞學系一二年級學生，以攻讀「基礎知識」「輔導知識」各課爲主，亦得兼讀先修課程（如報學概論等。）第三年級學生，課程加重，專讀特設的各學科（即專門知識，）並注重寫作技能。至第四年級，課堂聽講時間減少，以實習考察二者爲重，務使學生多有與社會接觸的機會。

（一）報學概論

講授報學(Journalism)的意義與類別，報紙的發生，起源，變遷；報館的行政，及一般的報學知識。

（二）新聞編輯

講授編輯新聞的工作，編輯方針，新聞價值，編輯部的組織，排版的藝術，各種新聞的編輯法。

（三）新聞採訪

講授新聞的採訪方法，訪員的職責，採訪新聞的標準，記述方法，採訪部的組織，國際新聞的採訪。

（四）報館組織與管理

講授組織與管理的理論及實際。

（五）評論練習

注重評論的寫作練習，講授與論與新聞的關係，評論寫作的一般的技巧。

（六）通訊練習

注重長篇通訊文字的寫作練習，講授世界通訊事業的概況，國際通信員應有的修養，通訊寫作的一般的技巧。

（七）報館實習

由教授指導，實習報館各部分的工作。

（八）中國報學史

講授現在國內著名報紙的沿革與概況，本國報紙發達的經過，注重歷迪言論的事實的研究，本國報紙所受國外報紙的影響。

（九）歐洲新聞事業

講授歐洲各國新聞事業的概況，特別注重英法德俄意各國的著名報紙與代表各階級的報紙，研究他們的報館組織、編輯方法、言論、傾向、在國際間的作用。

（十）美洲新聞事業

講授美國各系報紙的淵源、組織、編輯、特質，現在各著名報紙的近狀，及各種報紙的閱覽。

（十一）日本新聞事業

講授日本新聞事業發達的徑路，大阪東京各大報館的編輯、組織、業務、特質，各種報紙的閱覽。

（十二）比較報學

研究國內各報紙的缺點，同時將國內著名報紙與國外報紙作比較的研究，明其優劣，促進本國報紙的改善。

（十三）時事問題研究

時事問題常是突然而來的，報紙負有解說其起因、現狀、結果的職責。本科講授觀察時事的方法，並隨時對學生講述最近國內外發生的時事問題，使學生能理解各種時事問題的全部，獲得up—to—date的知識。

（十四）新聞紙法與出版法

講授與報紙或出版物有關係的法規，新聞記事的束縛，新聞紙法的缺陷，軍事檢察的是非，壓迫言論的實情，報紙營業的倫理化。

（十五）新聞販賣學

講授新聞發行的各種方法，理論的適用，研究國外各著名報紙的發行。

（十六）報學講演

教請國內外學者來校講演：（一）新聞學的知識，（二）批評國內各報紙的得失，發抒改良本國報紙的意見，（三）與新聞學有關係的知識，（四）關於技術的知識（有排字、印刷經驗的工友，也請他來和學生談話）由學生記錄詳盡的筆記，彙交本系主任審查。

（十七）特別講座

本講座包含兩種性質：（一）國內外學者不能長期來本校授課者，請他們作短期的講演。（二）講題的性質不需要長時期者，亦請學者作短期的講演。由講者指定參考書或研究資料，使學生在課外研究，將研究所得作成報告，交本系主任審查。

（十八）印刷術

（十九）校對術

（二〇）速記術

右三科講授印刷、校對、速記的技術，並注重實地練習。

（二一）新聞廣告研究

講授廣告學的原理，作用，新聞雜誌廣告的編作，注重練習。

（二二）新聞廣告圖案

講授廣告圖案繪畫的原理，應用，並注重習作。

（二三）商業新聞研究

講授與新聞有關係的金融，商業知識，注重商業新聞的編輯方法，注重寫作。

（二四）社會新聞研究

講授社會與新聞的關係，國內社會新聞編輯之缺點，國外著名報紙社會新聞編輯之得失，注重寫作。

（二五）新聞繪畫研究

研究報紙的插圖，漫畫，意匠，特別注重畫報編輯方針，家庭兒童閱覽的繪畫。

（二六）新聞照相製版研究

講授照相製版的原理及應用，照相與文字的關係，新聞照相的重要，攝影通訊的應用，各種製版的技術，注重實地練習。

（二七）新聞儲藏法

指導剪報工作，講授儲藏的理論與實驗。

（二八）雜誌經營與編輯

講授雜誌編輯、經營的各種方法。

（二九）新聞記者的地理知識

（三〇）新聞記者的歷史知識

（三一）新聞記者的政治知識

（三二）新聞記者的法律知識

（三三）新聞記者的外交知識

（三四）新聞記者的經濟知識

（三五）新聞記者的社會知識

新聞記者除具有專門知識而外，又須博學，例如對於「政治」「科學」非僅以了解政治學原理爲能事，必知如何觀察政治現象，如何應用政治知識。右列七科與普通之地理、歷史……等學科迥然不同，講授時注重此等科學與報紙的關係，並如何將此等知識活用於報紙，而爲編輯政治新聞、外交新聞的輔佐。

附美國米蘇里大學新聞學系課程於後，以資比較。

（第一學年第一學期）新聞史論，新聞記事，廣告原理，選科。（哲學，歷史，文學，政治，經濟等）

（第一學年第二學期）新聞史，新聞概論，通信，作稿論。選科（同上。）

（第二學年第一學期）作稿論，通信。

選科（同上。）

（第二學年第二學期）廣告學，地方新聞，農業新聞，文稿寫作。

漫畫（任意選擇。）

（b）設備方面

一　大學新聞（日刊）

組織分編輯、營業、印刷三部，由學生分任，教授負指導的責任。

二　通訊社

組織分設計、編輯、外交、總務四部，餘同上。通訊社的職務在供給報館記者能力不及的新聞資料，故應對外發稿，供給國內各報館各雜誌社的採用，復旦大學新聞學系「通訊練習」班學生寫作的稿件，可以供外界採用者，有下列各種。

1　國際政治經濟社會消息。

2 各地民生疾苦的實際狀況。
3 國內農村、交通、產業、教育、民俗的實況。
4 實際生活（Real life）的記錄。（例如個人的苦難生活而與社會問題有關係者。）
5 剪裁通訊。（該社注重剪報事業，頗受個人或團體的委託，調查各國或本國的人物，團體組織或代研究者蒐集資料。）
6 時事解說。
7 國外學術消息與文藝消息。
8 攝影新聞。
（註）第一至七項，均以有系統的文字為主。
三 研究室與閱報室，儲藏室。
（c）永久的計劃
一 新聞學系專用的建築物。

建造鐵筋混凝土的四層樓專用教室。底層爲印刷機器間照相製版間，其上爲教室，研究所，編輯室，辦事室，圖書室，新聞儲藏室，屋頂爲氣象臺，傳書鴿飼養處等。

二　印刷機器，照相製版機的購置。

三　應用於報紙的科學的各項設備。

四　新聞研究所的設立，容納有志深造的新聞學系畢業生，資助相當的生活費，使其安心研究。

五　世界各著名報紙的蒐集與儲藏。

六　世界各報紙，各通訊社，各大學新聞學系的聯絡。

七　本系永久資金的募集。

新聞教育的提倡，在我國尚屬草創，不過是着手嘗試而已。現在國內辦有新聞學系而設備較好的，只有北平的燕京大學與上海的復旦大學兩處。但都在進行的途中，一時尚無長足的發展。

社會的黑暗面與世界的決鬪場

陶希聖

新聞的記載，看來似乎是很容易的，實際却是極難的事情。這難處不在描寫技術或議論文字，難在於觀察事實的立場。

把現在每天出版的新聞紙披開一看，最重要的地位記載的是什麼？所記載的是中央或地方政府要人的行動或公文件上的敍述。每天每天，每個新聞紙，都是這樣的。所以弄成了沒有戰事便無須看報的一種習慣。每有戰事要發生未發生的時候，看報的人們格外起勁。社會中最黑暗的一面是包容社會中最多數人口的一面，他們的事實記載在新聞紙的那裏去了？江蘇的——舉例來說——各縣的新聞在申報第三張的背面，上海「社會新聞」在第四張的背面。這還不是大毛病，最大毛病是新聞紙看不見農民和工人的活動及實況。農民和工人的活動和實況，必須先通過了官廳的公文書，才有登載新聞紙的把握。我們要知道對於農民工人民衆的事實，第一次報告者大抵是官廳中的人，或是無修養（只有傳統的修養）的知識分子。他們對於事實大抵先有一種倫理的觀察。事實經過了這種倫理的觀察以後，真相全失了。貧苦的民衆，物質生活——因而精神生活都在極低的限度以下，先就值不得那有傳統倫理觀念的人們一顧。他們沒有英雄的奇特行爲，他們沒有顯達的聲威，他們沒有尊貴的生活方法。傳統倫理對於他們是輕視賤視疑視忌視的。所以，關於他們的記載——假使有了記載——最是有偏見的。報館中的編輯接了這含有偏見的第一次報告以後再加以偏見的評量，則農民工人的生活能表現在讀報者眼前的也可知了。要人的行動是社會中某種勢力所決定的。要人之所以「要」，是由於他們代表着纏領着某種社會勢力。這種社會勢力，是樹立在農民和工人肩背及脊骨之上的。勞苦民衆的黑暗面中無奇特不尊貴的生活，是造成要人奇特尊貴行動的反射。民衆愈痛苦，則鎮歷民衆的行動愈奇特愈尊貴。民衆愈反抗，則要人的行動愈激越。新聞紙因爲看輕了忌視了民衆的生活或活動，便每天每天的只是記載了社會矛盾的半面。到了幾百幾千年以後，黑暗面的零碎記載愈暗昧了，要人的行動愈顯露了。人們將只看見些什麽？人們只看見該撒，拿破崙，劉邦，曹操，李世民，朱元璋。人們以爲歷史是英雄造成的。新聞紙與歷史著作只是容易成爲英雄事略。

假如歷史真是英雄造成的。最好世界各地多設決鬭場，讓英雄們著鎧鬭劍，把場邊設置的無綫電機忙殺牠。

研究新聞學者願做傳達民衆生活消息的無名的第一次報告者呢？還是願意似決鬭場邊的發音機呢？

一九二九，十二，十七。

向Journalism之道

袁殊

一 題前話：釋題

這樣，用了演講的方式，我站在你們諸位之前。想着，這是非常使我歡喜的事；因爲在這機會裏，我可以認識許多在學問上的同好者。但是諸位知道，我現在正是和少數朋友在經營着文藝新聞，終日是在爲經濟爲新聞在奔忙的，所以今晚匆忙的來到貴校，我能向大家說的，恐怕是非常的簡略或者竟使你們失望。然而我也並不爲此謙讓或客氣，因爲我們大家都以同等年齡而且都是開始去向Journalism作開發工作的同伴者，在這個難得的相聚裏，我是願意把個人的意見供獻給諸君，以待諸君之商榷。這爲我自己，也許是很有進益的吧。

大家知道，新聞學在中國還不過十數年的歷史；到最近，在出版界裏可以搜集得到的此類的文獻，也是非常的有限，而且都幾乎是『概論』方面的著述或翻譯。在已經有把新聞學成立爲專門學科的學校，現在可以數出的也僅有三數大學而已。至於說，在這一方面有過著述出版的人，或是有過專門研究的人，現在也是很少的。在十數年以來的新聞學運動的成績，是這樣可以看得見；可以被稱爲新聞學者的人，的確也太寥寥了。現在，向這一方面努力的人，是逐漸的在多起來，即如像諸君樣的這樣的熱心於此道，這就是很可喜的進步的現象。但是據我個人約略調查所得，現在有許多致力於此學的，大都祇以得到一般關於新聞之經營的理論，及普通的新聞之製作技術，就認爲滿足的。這實在是太簡單了。而這簡單的理由，即是疏忽了或輕視了學新聞學的應先要有一個最基準的修養。

我，在童年的時候，曾經是七個月的印刷所排字房的學徒，那七個月的埋首勞働於鉛字窖裏的工作，是對我作了最初的Journalism的教化。後來在連初中都未能得着畢業的二年多的學校教育中，又因與同學的發行學校『窗報』——

用手寫，貼在宿舍寢室的窗門上的。——而養成了編報、辦報的最初的工作經驗；繼之，我這長江流域的各處流離中，曾有兩度正式在報館裏幹事；這於是決定我對新聞學這一名詞的認識，興趣，甚至到如今的傾注的努力。經過了這樣的一個過程而到達於現在的我，是和在中國現在各種家庭社會壓迫下成長着一切的、與一般的青年朋友——就如諸君也是一樣的。但，這個過程說來似乎祗要幾句話，而牠的內容却極爲複雜。正因爲「複雜，」所以辯證的決定了我們學新聞學的應先要有一基準的修養。再要把這意思裝飾在題目上，這就是現在寫在黑板上的『向Journalism之道』數字。

先前已說過：我是同諸位一樣的一個少年人，在學問上我正是學習努力的時期，今天要說的，祗是關於自己平日觀察所得及被時代環境所決定的幾點。爲告白於大家，我不得不說明上面這一段開場並表明我自己。

二　對現代新聞之一觀察

每一種學問的目的，都有其實用性的。如醫學的目的是爲醫治人類的症病，並預防減少人類的疾病以衛護生理的幸福；如自然科學，是引用各種的原理與方法，而爲種種的創造的發明，給人類物質生病以莫大的便利。同樣的，新聞學的目的，是爲了新聞紙的。牠亦是闡揚研究新聞紙之理論與技術的。新聞紙，在現代社會裏，大家都已經知道了人們每天之需要閱讀牠，是和需要吃飯一樣的重要了。所以：報是什麼？報如何在社會存在？怎樣辦報？怎樣辦了報才得好或壞？……——由於這種種屬於新聞紙之研究的而綜合所成的「新聞學」是成了實用的科學的一種學問了。我們現在正研究着的就是這個。

每一種學問都與時代社會的變遷互相因果的。但因果關係最爲關切的，或竟有着操縱這因果關係權能的，那就是莫過於新聞紙了。新聞紙，在新聞學上理論的解釋是：「傳播思想，發揚文化，在時代前作大衆生活的一種中心的仲介機關。」所以，我們有志於新聞學之研究的，就是準備從事新聞事業，——準備作這種人類社會中心的仲介機關的工作者。我們在新聞工作的實際上，可以知道這種工作者所必備的技術的、學識的、理論的等等本身條件，而再從這條件之獲得的這原則上去下功夫。這就是被稱爲「新聞學」的此種學問的内容，及其研究的任務。

在新聞紙最初發生的那時社會，人們互相的生活關係比較簡單。後來隨社會的進化，人們互相的關係也逐漸趨於複雜化了；於是新聞紙也被成爲學問的在研究着。可是，這種研究，還祇是限於簡單的技術部分的探討與發明。及至到了近代，由於資本主義的進步，一切的經營或出品，都商業化與商品化了；於是新聞的經營也隨這趨勢的力量，在資本主義下伸長牠的勢力。關於這，我們在資本主義發展到最高度了的黃金的美國的新聞之經營上，可以見到實證。而現在這資本主義統治力量是普遍在全世界，世界到處的人們的生活被這個可怖的經濟大手在控制着，把握着；在弱小的國家甚至於如次殖民地的中國，是一絲一毫也未脫逃出囚牢的。所以，我們可以明白現在的商業化了的新聞企業，是在這資本主義的原則下存在而且進展。

中國的報紙，我們一考牠最初的歷史：知道牠是隨着國外的資本帝國主義勢力的侵入而俱與發生的，牠就是乘着帝國主義最初來開掘中國這殖民地的砲艦，陪伴宗教而來的爲商業發展的文化侵略。上海的申報與新聞報就是由於美國人與英國人之手所創辦的。直到如今，雖然這些報館的大老板已經是所謂同胞的我們的中國人了；但這些人，他們之所以能夠得着報館，却完全是因爲他們在現在中國的社會存在上，是「買辦階級」——是協助帝國主義對中國作着經濟侵害的商業經紀人，所以，現今的中國的——上海的新聞企業，是正與現今的上海社會經濟的形態一樣，在洋人與洋錢的勢力統御之下，又得着有利的政治的因果條件而建立了生存於望平街上的！

可是，我們又考察一下新聞紙之社會存在的本身的功用：是「傳播思想，發揚文化，在時代前溝通大衆生活關係。」——那末如上所說的這樣的新聞紙，是不是達到這種任務了呢；我知道在這一點上，一定有人要發問。不過，我又以爲這個發問並非必要。在某一程度或意義上，也許牠是完成了牠本身之任務的。然而問題却是在現今的中國的社會了：現今的中國社會，到處都仍在苟延殘喘的維護着封建宗法的遺留。而現今的報紙，却正做了這樣的社會之代言者，在適宜環境中生存着。在社會進化的意義上說，牠正是時代的尾巴。當着舊時代之死滅及新時代之到來的過渡期裏，牠正是阻擋於新的進路的口子上，寫着「此路不通」的路牌子，騙欺着要去通過這新的進路的人們。其實，時代的前途究竟是通不？牠却始終不敢斷言；既沒有爲一切人先去試探一個倒底的勇敢與盡職；而同時祇用無謂的恐嚇，行使欺詐。這，在我們是應該去探試牠的原因的，牠實在是知道：倘若人們一通過了這進路，那就是牠們自己的滅亡！因爲牠是現社會的謳歌者，代言人，牠不能不有這一點小聰明的自知之明。

三　新聞與時代的變革……

像這樣的，如他們自己所誇示宣傳的：所謂充實或者致力於社會文明的現代新聞，牠之於時代的意義，對光明的新的社會之創造，自不待言的是形成了很强力的反動的力量。我們都是年輕人，有着青年的熱血與光明；大都是嚮往憧憬於未來的。而且對於新社會之改進，是不僅祇嚮往或憧憬而已，在這新舊過程中，大家都是把那鬪爭認爲己任的。在各種不同的鬪爭的路線或方法上，每個人是選擇了自己性之所近、技之所長的一途。現在，我們是學新聞學的，是準備修成自己之新聞的理論與技術；直接是以備將來去從事於新聞工作．間接也就是要參加社會革命鬪爭，用了我們的技術和力量。

但前面說過，新聞本身是怎樣一個東西，而現代新聞又是怎樣一個東西的話。這是說過了，我們對新聞本身的認識與對現在資本主義企業的新聞的價值之觀察。所以現在，我們又必須要進而去探討時代的變革與新聞的關係這問題了。

資本主義的社會，包涵了階級的矛盾。階級之對立的鬪爭是必然的。資本主義企業的新聞，牠當然是被決定屬於大多數階級之對敵的少數人階級的。如前面所指出來的現代的新聞的意義。可是階級對立的鬪爭是日趨尖銳，發展，尤其是現在動亂到了極端的中國社會。——我們不能不承認：在時代的變革期裏，新聞對於社會的前進，是具有着莫大的推動的力量。即如現在盡力在維護宗法、封建之持續的中國報紙，牠之反動的阻害作用，也是不可忽視的。所以，無論在那一種革命史上，我們都可以看出那革命前後，却有依賴於革命的新聞紙之幫助的史實。到最近，在革命的事業裏，已認爲獲得新聞機關爲必要的手段。新聞紙對於時代變革，牠所能効力之處的，不僅是報告革命之來的福音，而且是聯絡廣大社會羣衆的最好的組織機關。而且即在新聞的本身，牠亦必須要在羣衆——廣大的讀者前，建立自己的權威，去取得廣大的信用與擁護。

那末，現在我們要把話說來到我們自己的本身上來。我們在現在研習這新聞學，當然決不會祇是研習就算完事的吧？我們當然是有着一個共同的最後的目的。目的，當然不待言的是準備着投身於這種工作裏去。是把希望也完全放置在這點上，所以我們正經着準備的時期。

到將來，我們是新聞事業的工作者了。由於工作的決定，在一般先輩從事此業的經驗結果都告示我們說：一個新聞的工作者——或即新聞記者，他至少要有下列的諸基本條件：

一、學業至少要有大學畢業的程度；

二、對於一般政治、經濟及其他要有個別專門的學問，要有體系的一般的理解；

三、要有豐富的科學常識；

四、要有豐富的生活經驗；

五、要有涵養冒險的勇敢與趣味；

六、要有健壯的體魄；

七、要有忍苦耐勞的精神；

八、要有敏銳的感覺與敏捷的行動；

……………

這幾項的基本條件，除一般的而外；那關於學識方面的，應該先要有中心思想的基準。這基準必須是由於時代的客觀條件而辯證產生的。即如一個新聞的工作者，不但理解一般的政治或經濟的原理，在社會的進程上，他更必須要在那中心的思想之基準的原則下，能得辨解那政治或經濟的現狀，再進而論斷其出路，推測其結果。這樣，我們在如今的中國社會環境裏，尤爲萬分必要。對於一個時代的變革之來——向廣大讀者說明這一切的，是新聞的工作者之職責。

在資本主義的新聞企業下，因爲牠本身包涵了極大矛盾，所以新聞的此種最大的任務，多是被有意的忽略過去，或者有意歪曲了事實與理論以欺騙讀者——廣大的社會羣衆。而中國新聞紙，却竟然是完全表示這種意義的，因爲中國的新聞工作者，大都根本就不懂新聞紙存在的價值。也不會明瞭這種工作的職責。對一切消息之傳播，與事象之報告，完全愚蠢的順從着所謂促進文明的現代新聞紙之本身的矛盾，忠實做着統治者的附庸奴隸。

四　向Journalism之道

根據先前所說的一切，現在我個人所得的結論是：我們學習新聞學，除了新聞本身的理論與技術的研究以外，在自己向此道開拓前進之先，應先要有一個最基準的修養，從現代新聞之意義上觀察，及新聞與時代之變革的理解之結果：現在簡單的說明，那祇是一句話：從社會科學的洗鍊裏，確定科學的中心的思想。

在中國一般的學新聞學的，大都是把最大的努力，放置在「概論」上去。這在我個人覺得是未免簡單了，而且輕蔑了新聞學。但是，中國現時的環境他們旣沒體會到，而他們各個的環境又把他們圍住了，使其不得不爾。然而，我和在座的諸君，在現在的中國報界裏，都還是未走到職業的工作的路上去，在舉步邁行的此刻，一切都不能不考慮到。

至於說，現在的中國報紙究竟如何的問題，這在我另一篇上海報紙之批評的文章上大概說過。此時，上海的報界正用着資本主義的勢力，在進行「托辣司化」的發展與併吞，而他們所出版的每天被展開在我們的眼前的那幾大張，於時代的意義上也盡了極反動的能事。所以在這裏，我是十分的在希望學問的同道者們，不要把希望的眼光，時刻傾注的投在望平街的高樓。那地方，祇是附庸的奴隸們的寄生窠。我們隨時要學理的辯解一切，由種種的辯解的結論中去決定自己將來工作的態度。

有許多同我們年齡相上下的青年，他們從較安逸的家庭裏出來，在社會受着較優裕的教養，由於一種特殊的不真實，不科學的心理的促動，使他們也滿懷了趣味要研究新聞學。可是把他們平日的表現稍一留心，我們就可以知道新聞學這名詞被污害了，而中國新聞界之前途也正埋伏了不幸：我曾聽得說，××大學新聞學系的學生，有一次由他們的教授引導到報館去參觀，走進排字房裏，學生羣中就有人說那裏空氣太壞，不能久留。走進印機間裏去，就有人說那裏到處都有的油墨弄髒了他的西裝褲。在現在的學校裏，當然無論在那一學科內，都是少爺公子佔據極多數的位置。但像這樣走到印刷處去要說不衛生，要講清潔的新聞學的有志者，這却是很值得可笑的話題。在這樣情況中，我還可以找出一個實例來告訴諸位的：最近在上海有打着『民族文學』旗號的人們，出版了頗不少的無聊的小刊物，在那裏我們常可見到一個名字，我由於對這名字所寫的文字發生一種說不出的感慨，於是就引起調查他的興趣；調查的結果是：一，具有這名字的人是打着『民族文學』旗號下的一名小卒。二，因爲要包辦某報附刊的稿費而專在那附刊上作書報介紹；而那一家書店給他津貼，他就爲那一處書店介紹新書。三，是××大學新聞學系的學生！這，請諸位想想看，這位也是學新聞學的『同道，』他和上海小報專以詐騙爲生的記者能有什麼兩樣嗎？他所以要學新聞學究竟是抱着怎樣的目的呢？另一種我所見聞到的，是他們以爲新聞記者是所謂清高的特權階級，抱了所謂『無冕帝王』的思想，以爲一旦做了記者，可以出入官府能常和大人物接近，或甚至因此可以作官；即平日在社會上，有了『一枝可以抵得三千毛瑟槍』的筆，也自然有人可以送錢給他們用，甚至嫖妓女、吃館子，都可以不化一個大。這在目今的新聞界，固然都是不足稀罕的旣有的事實。他們一把這印象印在腦子裏，就滿心滿意的等待「××大學新聞學系畢業」的資格。所以，假如我們遇見了這樣的學新聞學的人，就可以看出最淺薄下賤的。而且他們引爲得意之處的，那即是1。服飾的精緻的研究，2。一見人就說出口齒伶俐的公式化的應酬話。像這些，我們能看到前途的危機。對於這些人，我覺得我也不必去把他用來多談，或認他們爲我們新聞學界裏的可恥的事。根本我們可以明白，即使他研究得有技術，那也不過是望平街裏那些老吃報館的人的新陳代謝而已。把時代意義加在我們自己的肩頭，這些現象，是加重了我們鬭爭的任務！但是，從這裏我們勉勵自己，我們要養成十分的科學的理智的頭腦，刻苦和勞働的精神。要從事於此道與此業，必須要有犧牲的殉職的決心。

以上，就是我之所謂的基準的修養。

最後，我們再談一談現在的實際工作。我們祇知道了現在的新聞不能使人信任，這是不夠的。我們要利用各處的環境，在自己的手裏創造理想的工作。即如，諸位是過着學校生活的，那末創辦學校新聞是唯一的對象了。再如，貴校是在這江灣的鄉野間，那末到附近的農村去，試着去創辦農村新聞，這也是最好的機會，如果農村羣衆識字不多，那也可利用這機會做着「口說新聞」或「圖畫新聞」的活動。新聞，是一種異常迅急敏感的一種屬於社會羣衆的活動，關於牠本身的理論和技術，是不像其他學問樣淵博深奧，而他卻是廣泛無際的。我們在研習新聞學的，應該了解從事於此學之前的完美的修養，與從事於此業之後去的慎審的經歷。至於其他，如：機械、製版、造紙、航空等與新聞發生最密切之聯繫的諸專門研究，在現在的中國也是幾乎沒有；我們是十分的希望，需要這一方面的有志者的，雖然，我們可以說新聞學並不深奧淵博，但在牠涵有的一切裏，卻是真實而又真實的，科學的科學。

勞中新聞學會的諸君，我知道你們在較苦的環境中努力着學問的探討的。我懇切的願望我們大家努力！今晚非常匆忙，話說來很零亂，因爲事先之忙而無預備，想來是無須說抱歉之類的話的。現在，就止於此。希望此後常常通信討論，或在別的機會裏再見。

一九三一，八、二四，補記。

——自學校新聞講話。此文爲作者在上海勞働中學新聞學會之演講稿。

JOURNALISM與文學

謝六逸

一

近代的文學，尤其是近代的小說，是因爲Journalism而勃興的，又是因爲Journalism而衰頹的。

Journalism是由於造紙工業與印刷技術的進步始有可能的文字工業新聞雜誌的生產方法與近代工場裏的生產方法，並無什麽差異。把「紙」和「文稿」當作原料買進，再將他做成「雜誌」或「新聞」一類的製造品，多量地生產，販賣於市場（就是讀者），這和衛生衣、火柴的生產一點也沒有差別。就是說，Journalism是一種企業，其所以和其他的企業不同者，就是他有「每日」「每週」或

「每月」的一定的標準形式，將內容各不相同的製造，不斷地生產出來。

因此，Journalism不是向後的，他的眼睛，注視前方，向前直進。他猶如站立在社會的尖端前進的火車頭。對於某社會某時間的狀態，及其前進的方向等。可以借那社會所有的Journalism最速而且最精確地知道。例如，要敏捷地知道日本現在的社會狀態與其動向，只有讀日本的報紙是最近的路。

Journalism的領域橫亙在用言語（即鉛字）能夠表現的一切部門上面。因爲社會的一般的現象，能夠言語表現，所以可以說Journalism的領域，擴張到社會的全部分。如政治、經濟、科學、哲學、宗教、藝術等等，都不是站在Journalism的圈外的。只是，由Journalism生產出的製造品，是以供給最廣的需要者爲主而製造的。在它的領域以內，一切都通俗化了。只能引起專門的少數人的興味的事件，必謹慎地將他除外，例如，極難解的科學上的問題等，不會走進Journalism的領域。

二

在藝術裏，純用文字構成的，就是文學。被Journalism最快地取用的藝術，就是文學。在文學裏，尤其是小說，他的發達，完全可靠Journalism的小說不僅是占了近代文學的首席，在近代的一切藝術裏他帶着最大衆的一性質，這都是受了Journalism之賜。爲什麼呢？如前面說過的，Journalism是近代的文字的工業，在今日，除了Journalism之外，用言語或文字構成的商品是沒有法子可以送到市場的。正如因爲有火車，驛站馬車便無用了；因爲發明了電燈，煤油燈便衰頹了；因爲機械發明了，手紡車便成爲廢物了。Journalism的大量生產主義，使得舊式的各種方法沒有存在的餘地。近代的小說，就借用Journalism的力量，强制地廣布於民衆。如像小說一樣的，用比較的多的文字而構成的藝術，若不倚賴文字的工業化——即Journalism的力量，決不能夠擴張的。

其次，Journalism所生產的商品——即新聞雜誌，在原則上，是營利的企業，所以必須盡力尋求多數購買者。因此之故，如果不用極易了解的、自由的形式的文學，則不適當。在一切文學裏，用最自由的、不爲規則所拘束的散文而寫成的文學，就是小說。因此小說最早被Journalism所利用，小說也利用Journalism以至隆盛如今日。

近代小說，他的基礎，可以說是由於Journalism，才確立起來的。Journalism隆盛的條件，有如前述，是使製紙工業，印刷工業與製造品迅速傳播的交通機關發達（某程度的。）在大體上使這些條件完滿的，就是資本主義。可以說唯其是資本主義社會，所以成爲近代小說的母胎。

三

其次，再看Journalism對於近代的文學裏有什麼影響？

Journalism對於社會文化的作用，第一就是文化的標準化。在大體上，使用於Journalism的言語，是本國的標準語。因此，借Journalism的力量，可以使言語標準化。就日本的內地講，如日本的青森與鹿兒島等地方語，和東京京都的地方語，有很顯明的差異，但是配布在這些地方的新聞雜誌，是使用着相同的語言。於是語言可以全國統一，口裏所說的話，也有慢慢地近在標準語的傾向，就我的經驗看來，最近京都大阪的言語，雖有古舊的傳統，然而已頗近於東京語了，鄉下人的語言，也顯明地東京化了。

這種標準化，不僅是語言，也影響到國民的趣味與嗜好。新聞雜誌借其記載與廣告，以支配民衆趣味與嗜好的力量，是可驚的。一種大新聞，或是發行部數多的雜誌，如果將一種事物傳播於民衆，其效果可以說是頗爲確實。多數婦女雜誌，在目前都揭載著酒宴的肴饌，洋服的裁縫等文字。全國的家庭，都將他當作一種模範去實行。如像愛因斯坦的學說，雖是普通人所難理解的學說，但經其新聞大雜誌登載之後，鄉間的小學生，也記得他的名字。支配目前的「流行」最大的力量，就是Journalism。如果大新聞與大雜誌想把一種事物或是一種事件，廣布於民衆，則他們的推進，較之政府的法令，地方官的訓示，更快，更有效果。Journalism有一種强制力，廣告的力量也是不可侮的。每天每天，看著「懷中良藥——仁丹」「獅子牌牙粉」的廣告，我們真覺得是這樣。我們對於「仁丹」與「獅子牌牙粉」

的品質是好是壞，本是不知道的。和其他同類的物品比較，其品質是相同的也好，或是惡劣的也好，其銷售都是靠廣告的力量，即是爲廣播於民衆的力量所左右。聽說市面繁盛的時候，某家書店，無論出版什麼書籍，只要一登廣告，銷售一萬本很容易。如其不登廣告，雖是好書，一千本也不易售出。Journalism的附屬物廣告。在使民衆的趣味嗜好標準化之點，也有巨大的力量。

四

文學本以個人的獨創爲重，但在Journalism，則個人的獨創極端地被排斥，因爲被「標準化」所支配的原故。在近代的社會裏，文學想繼續存在，就非與Journalism結納不可。除此而外，文學就沒有發表的路了。文學作品既然要依靠Journalism生存，所以不能不受「標準化」的支配了。

試看最近的新聞與發行部數很多的雜誌裏揭載的小說，盡是有一定型式的作品，它不能超越大多數讀者階級趣味與要求。作家犧牲了自己的天分與獨創性，非努力與一定的標準型式符合不可。否則那位作家便不能成爲Journalism的寵兒了。與普賴茵批評美國的短篇小說家，曾說：『從美國的短篇小說的一定型式中脫出無疑的是謬誤。想這樣脫離的輕率的作家，便不能夠把握着發行者。』

在新聞或發行部數很多的雜誌上發表的小說，就縱的方面看，每個作家的作品都標準化，無論看哪一種作品，其作品中的主人公，情節的進展，都有一定的型式。又就橫的方面看，同時代的流行作家全部，都有一種共通的型式。作家是不許走出那型式之外的。連續不斷的寫感傷的戀愛小說的人，非常常繼續寫這種東西不可。因爲編輯者希望作家做這種作品，指定他做。如其違背他們的期望，則作家的生命就不得善終了。又在某一時代，EROTIO的要求廣布於讀者間，於是編輯者便要求作家做這種作品，作家不得不馬上答應。否則他由Journalism獲得的名譽，便忽地消失了。

前面提及的與普賴茵，論美國的短篇小說，有如次的幾句話：『在雜誌又有所謂「檢閱」的這麼一回事。這「檢閱」與其標準，與道德問題決沒有關係。就是——短篇小說，應該是樂天的。「性」的嬉戲，是很渴望的。但是那「性」必須寫爲架空的。小說縱然與一般所能容一的見解挑戰，或是批判那見解，都不得含有宗敎的與哲學的意見。小說不得取用社會的或政治的問題。他必須鼓吹亞美利加主義（Americaism），又必須是 Happy Endiug（快樂的結局）。換言之，作家必須竭力與一般人的水準一致，所以他被禁止拿出見解來。美國的編輯者給與作家的理想的禮物，就是「標準化」。作家應該不斷地寫作同一的小說。借着擴大或傳染，大雜誌與在他的背後的廣告社，將此種「標準化」的來想，推押在一般讀者的面前。』

（註）Journalism 一字，無適當的譯語，故用原字。在本文裏 Journalism 的意思是泛指新聞，雜誌等定期刊物及此等事業。此字有時又用作貶意，例如說他的著作有點 Journalistic，就無異說，他的著作有點江湖氣。

第二，Journalism 對於文化的作用，就是通俗化，前面說及的，Journalism 的目標，在於能夠了解文字的大多數的民衆Journalism的標準化勢必爲通俗化，若不通俗化，便不能與Journalism相容。因此之故，文學作品如其要與Journalism結合，便不能脫離通俗化的一般的支配。

前文說過，Journalism是一種企業，他所取的目的，不是在乎得優美的作品，也不是要使每個作家的天分，自由地發展；也不是要促進文學的一般的進步。他的目的，就是要竭力多賣。如優美的作品等等，不過是作爲使這個完美的手段罷了。

新聞紙只要看見有可以多賣的機會，雖是割讓一頁紙面來登載無名的咖啡店的侍女，也是要幹的。不管這對於社會有什麼價值，因爲多賣一份，對於新聞紙是很重要的。可是，我並不是說現在的新聞紙全是爲「多賣主義」而編輯的。其中也有相當的品格的。雖然他們知道爲銷售起見是很好的記事，但是恐怕傷害新聞的品格，便不把他登載出來，不過，這只限於新聞的基礎已經穩固，而且是如此，也不怕失掉多數讀者的時候。或是只限於採取這種方針，雖一時不利，在長久間反而增加新聞信用的時候。

爲這種原則所支配的文學作品，漸漸變爲淺薄，漸漸成爲愚拙，乃是當然的。在奧普賴茵的著作裏，引用着有一個美國的編輯者，對世界有名的小說家說：『只要你不寫作得太優美，雜誌就可以登載你的短篇小說；只要你的文字寫得低俗如普通人的言語一樣，我願意爲你效勞。』

在日本，有某雜誌的編輯者，對於相當知名的小說家說，請他在下次繼續發表的小說裏，將情節寫得緊張一點，或是請他把著作中的女主人公的境遇，寫得更不幸一點。這樣預約製造的話，我曾經聽見過。編輯者對於作者的辯解，常常是說：『你的小說太高尚了，讀者看不懂。』

總之，Journalism在起始時，是養育保護近代文學的慈母，到後來，因爲强制地使近代文學通俗化，便將它虐殺了。

五

第三，Journalism以速度爲重，不願停滯在同一的地方。同類的新聞紙與新聞紙、雜誌與雜誌之間，常有激烈的競爭。日刊新聞的生命是一日，月刊雜誌的生命是一個月。如果過期之後，新聞紙和雜誌就等於廢紙了。Journalsim每期若不將新鮮的東西供給讀者，則他的讀者就有被別人奪去的恐怖。一切商業的競爭，漸次激烈起來，但都不如Journalism的競爭的Tempo之速。Journalism以不斷的急速的Tempo，向着尖端前進。只是追逐流行，還有所不及，必須指導「流行」（時髦）有時非創造「流行」不可。

文學作品也承受着Journalism的這種性質，必然地尊重Tempo，必須常是「尖端的。」所以，通俗作家常把眼睛配布在現代社會的四方八面，追尋着新的「時髦。」同時，自己必須創造出「時髦。」他們對於打野球（Base Ball）時防內野手的欺瞞行爲的規則（Infielding）氛氣燈（Neon）等等，凡是一切新的東西，都得知道。隨時把這些編織在他們的作品裏。

在讀者，如果是看新聞紙，就每天每天尋求新的刺戟：如果是看雜誌，就每月每月尋求新的刺戟。雜誌小說的生命，在多數讀者只是一個月；新聞紙的連續的生命，普通是一天作者一天一天，一個月一個月的把材料安置好，又須在次日或次月維繫著讀者的興味，他們必須寫這樣的小說。作品全體的結構等，還在其次，只要每期能夠惹動讀者的心，小說的使命便達到了。

由同一的理由，最近的短篇小說，長篇小說，大多是依照編輯者的約定而作的，其長度有一定。

決定小說的長度的，不是作者自己，而是編輯者。作者雖然起了充分的感興，因爲限定字數的關係，却不能不在相當的地方結束起來。或是已經完結了的作品，因編輯者的吩咐，也非引伸到必要的長度不可。而且作者對於這種不自然的條件，是不能一般地加以拒絕的。

六

Journalism這樣的把所謂流行作家製造出來。要成一個流行作家，不必要特出的天分。甚至於特出的天分，反而妨害他做流行作家。只消有普通人的才能，充分地有了前舉的標準化、通俗化的條件就可以了。所以Journalism不僅是發現了流行作家，還能隨心所欲的把流行作家製造出來。

比如，這裏有A與B兩個有相同的平凡才能的作家。有某大雜誌只是約定A，請他做適合於那雜誌的作品，借此作爲廣告，大大的宣傳，則A就一躍而爲流行作家了。反之，不爲雜誌社所垂青的B，非以無名作家終其一生不可。這裏要注意的，這並不是例外，乃是原則。

Journalism一旦製造了流行作家或是發現了流行作家，便儘力量所能利用的去利用他。雖是相當的知名作家，對於Journalism的這種利用，心裏雖以爲苦，卻不能夠拒絕Journalism對於他，不斷地使他工作。在流行作家方面，只要不爲讀者厭倦，便一篇一篇的、無限的、機械的創作下去。借與普萊茵的話來說，就是：『流行作家是不許作文學的生育節制的。』其結果怎樣呢？與普萊茵在同一著作裏面，論俄·亨利(O.Henry)道：『俄·亨利發狂似的搜求材料，出現於紐約的旅館或咖啡店。小說到了非交卷不可的日子，不能夠做好，俄·亨利便坐了下來，寫點無聊的辯解的言辭。他的小說，帶着這種的愴惶與懸念，是不用說的了。他的作品，差不多都是Sketch式的，報告的，淺薄的。不過他的豐富的表現的才能，能夠遮蓋那小說的題旨，與人物性格的貧弱罷了。即使是他的最優美的作品，也缺少深刻與圓滿。他屢屢將堅硬的觀念，不加磨練，也不經思考與感情的熔化，便那樣的顯示出來的時候爲多。』

連俄・亨利也是如此，何況藝術的天分缺乏的作家，因爲Journalism的「酷使，」便立即疲憊，損蝕了才能了。就等於是「寫字的機械。」正如與普萊茵說的，美國的短篇小說家，不過像股票經紀人似的，以稿子的市價，編輯者的故事等作爲話題，藝術家的風度，已不爲人所認識，只是認識他們生產文稿，將稿換錢的風度罷了。

如此這般，藝術的天分雖高，要被Journalism所殺掉也說不定。但是文學在現在是不能夠離開Journalism而存在的。在這種情勢之下，高叫文藝的危機，藝術的滅亡，並不稀奇。Journalism以「文學保護人」的立場，在不知不覺之中，他有了使文學的內部崩壞的職能了。

七

資本主義成了「物質的富」的生產的催促者，同樣，它也刺戟各種藝術；尤其是文學，產生出近代小說，現出了小說的黃金時代。可是，資本主義發達起來，同時，因爲他的矛盾與無統制的緣故，使得社會進步的障礙，更深刻地顯出來。文學也不能在資本主義的一般的作用之外。

資本主義的Journalism破除了舊文學的煩瑣的形式，產生了自由形式的散文文學，就是近代小說。資本主義的Journalism的發展，使近代小說在商業主義的高壓之下，喘不過氣來。這是因爲資本主義的Journalism是無統制的Journalism，與其他的商品生產的場合同樣，他的活動，只是被多銷售多獲利所支配之故。於此行着無限制的競爭。

雖是這樣，却不能說Journalism是文學的敵人。豈但不能說，而且因爲Journalism，文學才能一般地普及，浸潤民衆之間呢。文學從一部分的人的獨占裏解放出來，成爲大衆的所有，就是Journalism的恩惠。Journalism與近代小說，在發達的當初，是能夠翕然調和前進的。但是不久，Journalism與近代小說，成爲互相矛盾的存在了。Journalism的强權，殺害了文學的獨創性，使之平均化，標準化，通俗化，强制它的高速度，使它的藝術性陷於危亡。

從各種的視覺，可以考察Journalism與文學，現在我只是從下述的角度來觀察，就是資本主義的Journalism當爲藝術的保護者，現在却成爲它的障礙者了。

Journalism從現在的無統制的狀態脫離之時，成爲不爲純粹的利潤，只爲社會組織的向上發展而指導之時，Journalism與文學才能從新恢復緊密的友誼的握手罷。

〔原註〕本文中引用與普萊茵的話，是借用木村利美氏的機械與藝術革命中的譯文。

自茶話集。此文爲日本平林初之輔原作。

新集納主義與新寫實主義

焦尾

如孿生子或是孿生女般地，正湊巧，二十世紀資本主義社會的母胎，在整個的文化上，產生了新集納主義(New journalism)，在文藝的領域中，則產生了新寫實主義(New Realism)。

這並不是偶然的。

大齒輪，小齒輪是套着Motor轉動的。同樣，社會上的種種上層建築是跟着經濟基礎的演進而遞變的。新聞業與文藝也當然不能例外。

據新聞業史，我們知道，資本主義的托辣司新聞業是因了經濟基礎的轉移而否定了封建社會的邸報。至文藝，那更明顯，浪漫主義否定了古典主義，寫實主義否定了浪漫主義，新浪漫主義又起而否定了寫實主義，這些，都有一種遞變的線索可尋的。

現在，新集納主義，是要慢慢地抬頭來否定托辣司的新聞業了；同樣，新寫實主義也在否定着新浪漫主義。

這也並不是偶然的。

在時代的黑夜中，歷史的列車在飛奔。

自然，被載在這車上的一切，也跟着搖動了。

自從一九二九黃金國的亞美利堅受了經濟恐慌的波濤的打擊以來，整個的資本主義世界便走進了第三期的崩潰中。同時，一般被壓迫的大衆又受了歷史的推動，已在拚命地掙扎了。現社會的崩潰，是一種必然的趨勢。

因是，我們這對孿生兄弟或是孿生姊妹、——新集納主義與新寫實主義便在這種情況下，應運而生了。

大概，新集納主義，是一種如托辣司新聞業一樣，利用着機器的Speed來報道社會的一切和指示社會的一切的。但他所報道的，則不是一種歌頌功德的麻醉，而是一種毫不客氣的暴露；他所指示的，不是一種絕望的歿落的路程，而是一種光明的新的前途。

新寫實主義，是一種根據普羅列塔利亞的觀點來描寫一切社會現象的文藝方法，他正和寫實主義一樣，要暴露，要痛擊，但同時，他卻還要建設。

他倆的關係；是兄弟，或是姊妹。但同時，他倆又是雙位一體的。把新集納主義引用到文藝上，那就是新寫實主義；把新寫實主義引用到新聞業中去，那就是新集納主義。

在資本主義的母胎，他倆是一對逆子，或是叛女。大概，這一對逆子，或叛女，是有一日，會害死他們已病入骨髓的母體的。

老實說，文藝是一種工具，新聞紙也一樣。一枝手鎗，可以打敵人，也可以殺自己。

所以，某一階級的手中的新聞紙，它可以來壓迫、麻醉另一階級。但一旦跑入另一階級的手中，自然他也可以來打倒這一階級。文藝，當然同樣。

很明顯的，新集納主義與新寫實主義，是目前被壓迫，被麻醉者的兩種有力的工具，這正如工人手中的鐵錘，與農人手中的鐮刀一樣。

要推進時代，要解放自己，用這兩種有力的工具，是會使我們達到目的的。

新集納主義與新寫實主義這一對孿生子或是孿生女，是我們被壓迫大衆的兩種有力的工具，也就是兩種有力的武器。

一九三二，春。

輿論與新聞

樊仲雲

一　輿論　藝術　新聞

社會意識當其表現爲集團的構成之具體的生活要求之時，這是名作輿論的表現的形式；但若此種要求，經由個性，而表現爲想像的生活再現，則成爲藝術的創作。所以輿論是社會意識之意志的表現，藝術是社會意識之感情的表現，而與此二者相對，爲社會意識之知覺的表現的那便是『新聞』。

輿論表示社會有怎樣的要求，藝術表示社會有怎樣的感情，而新聞則表示社會是在怎樣的知覺狀態。社會的要求，由輿論的形式，始成爲具有意志的力；而對於生活的實現爲積極的行動。至社會的感情，則在其表現爲詩歌，小說，戲劇等形態時，乃成爲具體的生活事實之想像的再現，由現實生活的世界所生的感情，這樣，反造出由感情所生的想像生活的世界來。這雖然是藝術的空想，但所謂對於某種事態的感情，到底是產生此事態的歷史過程上所有之一定的態度，而所謂一定的態度，則爲其歷史過程上所有一定的行動傾向，換句話說，是活動於此歷史過程上的事，藝術是由一定感情的刺激，而對歷史成立一定的解釋的，不過這不是生活理知的形式，而爲生活感情的形式，惟其對歷史既有一定的解釋，到底不外將造出歷史過程的生活現實，以其意識目的加以規定的事物。這樣，社會科學與藝術，可以說同是一盾的兩面，前者是歷史之理知的把握，後者是歷史之情操的把握，而俱爲活動於歷史過程上的人間的行動意識。本來，『學的』意識『藝術的』意識等，決不是意識本體的終局，這是生活當然的結果，而所以生產此結果一事，便是意識本體之存在理由。所以藝術亦與輿論相同，但卻是以完全殊異的角度，由時代之社會的要求或行動以表示的事物。

新聞是社會一般知覺的表現，新聞之形式及內容，便是表示社會是在怎樣的知覺狀態。因之輿論是要求的本體，藝術爲經由個人的生活再現，是具有這樣能動的性質的；但是反之，新聞則只反映社會現象之客觀的性質，前者若是繪畫，後者不過照相。因之，一般人以客觀的真實性當作新聞之根本的要求，而以『白紙』的認知社會現象爲新聞的目的，以『嚴正中立』『公平無私』『不偏不黨』爲其標準，所以通常，新聞雖有所謂『論說』那樣的東西，主張某種『意見，』但此意見，也是由『不偏不黨』主義而來，是超越一切社會的地位，從高處來加判斷，以像神明對人那樣的地位，視爲理想的新聞對社會的地位。

此種對於新聞的見解，到底不外是由與『爲藝術而藝術』主義，或神化的盲目的輿論同樣心理的錯誤所生的產物，是當作新聞的機能的人們及要求社會的知覺，這一般人的錯覺，須知新聞既在意見——論說——上，具有與前述與論諸性質相共通的事物，又是具有如藝術上的社會意識諸性質的，那末；這就是特定社會集團的意識，決不能成爲全社會的或超社會的意識。

新聞是知覺的表現形態，但社會的意味所謂知覺與個人，在這其間，不免有種種性質上的區別，即是在個人的情形，知覺只是不受容感覺機關之機械的作用的客觀現象，但必爲與一定的生活要求適應而加以採擇的事物。如『追鹿的獵人目不見山』『心不在茲，見如不見，聞如不聞』等諺語，表示感覺機關不但不單由機關的自體末梢作用以活動，並更受中樞的精神作用的支配；但此中樞的心理，要之，是由生活經驗以構成，具有一定的態度，對於末梢的感覺機關，選擇其應否容受或拒斥，因時因地，而下相異的命令。故我們當要求風景之時，我們的末梢神經即自中樞承受『看山罷』的命令；而當追鹿的時候，則承受『不要看山』的命令。

即如在個人心理的時候，知覺這東西，也是這樣應着生活要求而構成，決不是把客觀的存在，像照相版的化學變化樣加以反映的事物。不過在個人心理上，爲知覺第一次機關的感官作用，因爲是非常機械的，故不論生活要求的命令如何，在某種程度，感覺機關仍機械的容受客觀的現象，因之，知覺亦不免機械的構成。孔子所謂『非禮勿視，非禮勿聞』便是因感覺機關之機械的作用，知覺是機械的構成，因之，生活的感覺，向着與生活要求完全無關的方面發達，對此加以警戒的。而今日的教育，所以將色彩、形狀、聲音等對於感覺機關的刺激的性質，加以嚴密的注意，便是由於同一理由。

即如在社會的知覺的時候，感覺機關之機械的性質，亦在某程度，以不同的形式而有存在，但是所謂社會的感覺，不如個人的眼耳等感覺機關爲自身的刺激，這是經由此等機關，把所感受的諸刺激，加以綜合的複雜的心理作用，是包含有『道德的感覺』『美的感覺』『宗教的感覺』等語所表現的心理的諸相之心的狀態，因之，感覺的機械作用，對於這的直接影響比較的少。換句話說，社會的意義上之所謂知覺，其由生活經驗的綜合以成之特殊的心的傾向所受的支配，實比感覺之機械的作用爲多。而因個人所存在的社會生活形態，是規定個人生活要求的性質的，所以社會的知覺，大抵由其社會上的要求以決定。但表示此知覺的則爲新聞。在形式上，新聞固是對一般人的知覺提供資材的，但在事實上則爲由此以表示某社會是有怎樣的知覺。新聞的資材，若譬諸個人，則恰如記憶心像。因之，爲記憶的是與感情內容有別的事物——事實上，記憶要從感情完全分離爲不可能，但在心的機能之解析是可以區別的——因之，新聞的材料亦與記憶的內容相同，在加以記載的主筆與承受此報道的一般人，其客觀的性質是可以以之與主觀的性質分別出來的。在報道上所謂『公平無私』其意味雖無不通，但事實上，記憶心像決不如心理學，單是客觀的再現，必是帶有生活感情的。無精神分析學者所稱爲檢察(Censor)的心的作用，即由生活感情而性的感情爲所隱蔽的活動，而一般衝的傾向，則亦爲經過生活感情的修正的事物，因之，生活的要求，常意識的爲所隱蔽，有許多是不能現於個人的自覺上。這樣，新聞的材料，也是以特定的生活要求爲基礎而經過選擇的事物；但此要求自體，却未必現於新聞記者或社會人的自覺上。只是最優秀的新聞記者，則由其對此一般的要求之認知，選擇新聞的資材，但是，縱然是這樣的記者，其意識的傾向到底是規定在怎樣的生活態度的，關於這一點，却亦未有自覺。這一點，新聞有如藝術的創作。近代藝術上的天才，尤其是自然主義諸作家在其創作的資材與表現上，猛烈的反映着近代的生活要求發揮近代社會之生活感情與近代人的意志傾向。在這裏，他們固然用了意識的方法以爲發揮，但若說此等天才已對其生活態度具有自覺，那却不能。如狄更斯之於英國近代市民社會的建設，托爾斯泰之於俄國末期軍國貴族社會的崩壞，雖然有此反映，同時他們在其資材與表現上，雖用了意識的方法，但他們的生活態度，對於特殊的社會進化過程之所產，不能說是自覺的，這因爲其爲戀的事物，雖然在戀的成就上是用了意識的方法，却沒有如對戀的衝動的性質的自覺那樣客觀的。新聞在其構成社會知覺之過程上，雖是由於新聞記者之意識的方法，但對於社會的動機，却是沒有自覺的。例如日本人所辦最初的新聞——近代的意義上之新聞——是德川政府翻譯海外新聞所成的『官板バタビア新聞』，幕府翻譯此新聞的動機，固是因爲鎖國主義的日本人有進於世界交通的必要，於是對於世界事情，感到知覺上的生活要求，但是在翻譯新聞的幕府，對此生活要求，却未必具有自覺，目的只是在啓發當時的鎖國論者，緩和反對開國論者的銳鋒而已。又如維新以後所出許多關於政府經濟的翻譯，誠然是進向近代國家的當時日本對於新社會生活意識上的要求，但是在那翻譯諸人的心中，或者是爲的生活難，或者是爲的商業利益，却未必盡是由於社會自覺的。新聞也如這樣，當其構成爲社會的知覺，雖由各方面用了意識的方法，但却不是真的對於要求新聞的知覺的生活態度，有了自覺。因之，新聞的資材，方法等，雖具有種種龐雜的意識的動機，但其缺乏自覺的無意識的動機，則爲其時代與社會的要求。

但是新聞不像輿論一樣，立即將其所要求，即社會所要求者爲何，表示出來；新聞是由其使一定組織之社會生活具有與之相應的意識內容，並使其意識的性質成爲知覺的，這樣給與生活行動以示唆的事物。所以在已有一定行動的趨向的社會，由其所要求的與之相應的知覺，而有新聞的產生。輿論是社會要求有具體的一定的行動傾向的事物，但新聞則爲社會以一定的行動傾向爲必然的條件所構成的知覺狀態。所以新聞比爲表示輿論的機關，具有更廣大的機能，而爲輿論藝術等社會意識構成條件的感覺機關。這是造成輿論藝術所成立的條件的質言之，一切的社會意識形態，實都可說是成立在新聞的知覺上面的。且沒有東西能比新聞更表示所有社會意識是怎樣在知覺狀態上成立的了。

把所謂Journalism列之與高級樣社會意識——道德的，藝術的，政治的其他完全不同的墮落的意識狀態，這是由於這樣的見解，以此等高級感覺，非成立於社會的感覺之上，而是完全與地上的性質相隔離的超越的事物。這樣的見解，若求其由來，則爲支配階級，即超越於產生Journalism的社會圈，便是一般社會的生活集團之生活者的意識。而此見解的成立，則在此等生活者似其自身的生活爲與一般社會的生活方法相隔離的態度上，但實則他們的生活是寄生在社會的生活方法之上，然而雖然如此，他們却絕不承認，而惟以超越全部社會生活的態度，由其寄生生活的特權，對表示一般社會感覺的Journalism加以低視。

Journalism並是使一般社會的生活感覺趨於低等的事物，這表示感覺的水準，而自社會的組織制度以至一般社會的事物則都成立於此感覺上面。且此感覺不但在組織制度等社會的約束之靜的性質上相一致，其動態上亦相一致，並且有反抗組織制度的約束的感情方面。在社會的感覺上，本有社會的靜態的與社會的動態之感覺，應着生活的要求，各有其活動，實爲社會的一般感覺的特徵。但在道德意識、宗教意識、藝術意識上，雖有靜的與動的感覺，若成爲一定形態的道德意識，宗教意識、藝術意識，則必爲靜的，並且擁護一定的社會約束的意識的構成。社會諸制度或文化形式，甚至如藝術之動的性質，爲設成感覺的約束有流派的發生樣，常與社會的一般感覺之共通性以約束，並由此以統一生活態度，使社會的結合趨於强韌，但社會感覺在一方面雖使此種約束成立，並富於統一性，在他方面，却有脫離統一的動的性質，尤其當社會的生活入於使一定的形態發生變化的進化期的時候。一般感覺，具有與現狀相反的感情內容，於是在進化期中，發生道德破壞，懷疑的信仰，反叛的藝術等流行。而 Journalism 則更使此一般感覺之動的性質趨於發揚。所以當此之時，Journalism 不以因襲的性質而受咎，反之，却以反逆的性質而爲人所非難。Journalism 因此，在表示靜一的一般感覺之時，以其因襲主義平凡主義，無自覺盲從等，爲人所非難，而在表示動的一般感覺之時，則以其懷疑主義、自由主義、制度破壞、脫線、放縱、不逞等爲人所非難。新聞所以不得不受此二種非難，便是由於此 Journalism。但是 Journalism 在其靜的性質上、在其無自覺上，則爲現制度盡維護之責，而在其動的性質上、在其因襲主義上、在其破壞主義上、在其不逞行動上，則有促進社會制度的進化者。新聞具有此矛盾的二性格，爲一般感覺的表現，這是與先前所述輿論諸性質有相似點的事物。而在藝術上則亦有此動與反動的性質，這是我們已經講過了。

與論、藝術、新聞.雖具有殊異的形態，但其根本爲社會意識表現形態之點，則相一致；並且，其性質亦有許多共通點。

二　社會的認識態度與新聞

表示社會的知覺的新聞，在這意味上，具有一定的認識態度。惟這裏所謂認識態度者，是指社會的生活者在其生活條件的知覺上，具有決定其知覺的性質的傾向以言。但社會的意味上所謂認識，是對於社會的刺激之一般感覺的反應、若把這就個人心理來加以考察，則由一定生活經驗所構成之心的傾向，其對於刺激的反應，性質不同。因之，即同樣的刺激，常因人而生相異的感覺狀態，並且隨以生相異的行動。社會的認識，其與個人心理相似的過程是集合的發生的時候，因之，與個人心理的情形不同，其刺激或反應，不是所謂生理學的或心理學的，而爲一集合的生活意識，即特定之社會集團所共通的心的傾向之興廢過程。襲於一社會的戰爭的昂奮，結局雖是各個人的昂奮但其表現，決不是有個人的存在的形式，且其感情內容，亦具有非純個人的生活上所能發生的性質。在這時候，個人並常可感到個人的昂奮與社會的昂奮間之差別。即可以感到那若不是集團的不能感得的昂奮，且與個人的心理傾向不相一致的昂奮。因此，在個人爲怯懦的，一成集團即爲勇猛，而個人爲善良的，則在本社會生活上，常可以成爲邪惡的。社會的認識態度亦與由個人的感覺以來的認識態度有別，而由於社會的集團心理。

新聞在其新聞的感覺上，把社會客觀的事實改作爲主觀的影像，其改作的態，度就是新聞的社會的認識態度。制作新聞的固是個人，但此個人制作新聞的態度，却是與要求新聞之社會的心理相應，而以集合的認識爲其根柢的。

新聞在這性質上，所以是集合的認識態度，這可由新聞的起原是完全以集合的認識爲基本而明白。新聞所以起原於集合的認識，在向來的新聞研究上，雖無明確的指述，但却是無可懷疑的事。不過一社會羣，其社會現象的認識，因對其自身的社會羣是無自覺的，即無意識的，所以不能十分鮮明顯著。鮮明顯著的認識，其發生，只是在一社會羣與他社會羣相對立的時候。正如『看了他人的行動，因此改正我自己』的諺語所述，自覺常是由對與自己同性質之他對象的認識而生。社會羣之社會的認識，亦先由對自己以外羣發生知覺的意識而來，即對於外羣的認識是社會的認識的起原並且常態。這情形、在同一社會羣的內部也如同樣社會的認識。即在同一羣內，也是由比較的外部的關係上而發生。如一家族以他家族之家族關係爲認識的對象，一對朋友也以他友爲其羣的認識的對象。

這是有理由的，原來社會的認識，本由與此相對活動的對象的認識，這與個人的知覺從自己外之對象體而發展起來相同。認識是行動的先驅的條件，因此，其與之對立活動對象，關於這點，自不得不先把握其客觀的性質，正如欲抓住某一事物，必須先有認知一樣。所以社會的認識，是由對與其羣在對立關係的他羣這上面發達起來的。

新聞因爲是這樣性質的社會的認識機關，所以其態度亦相同，是以對外羣的認識——報道——爲新聞之知覺的要求之中心的。世界上新聞的發達，其基礎便是因爲中世紀割據的孤立的社會形態，由近代的交通而崩壞，社會以互相交通成爲彼此對立而同時有必然的交涉的單位，於是對外羣緊迫着有認識的必要，蓋新聞的發生並不是由於所謂『知道自己』的必要而爲欲『知道他人』。所以新聞的發生大抵都是記載海外事情的機關，日本的新聞，也是以與外國開始交通爲其動機，而在最初多爲外國事情的翻譯。歐洲的新聞，也是初發生於海上交通開闢以後，向來以戰爭爲主的對外關係，現在變而爲以近代的社會交通爲主的對外關係之時。

又若遠溯之『新聞』發生以前的新聞，即就與近代新聞同其機能的有『新聞的』性質的事物以觀，也如同樣。非『新聞』的新聞，如神話、故事、童謠、雜談、軼事、紀聞、語本等，雖是近似新聞性質的事實，但其發生都不由內羣的關係而以外羣的關係爲主。神話、故事等是以征伐、交換、社會的分離或結合、反感、同感、敵對、親善等外羣關係的現象爲主，但是童謠則其新聞的性質，更爲顯著，是以同一社會羣內部的異種羣間相互關係的意識爲主的事物。如相異的夥伴，彼此主張其立場，被征服羣對征服羣的感情的發露，戀愛上的嫉妒，排斥異端，攻擊異民族，批評敵對羣，總之，凡存在於同一社會羣內部或對立羣相互間所發生的認識，都是童謠根本的性質。不但如此，即如風聞書、物語本等，也是以對於異種羣的興味爲中心者居多。凡此都是在多少的程度上係新聞的。

因此之故，新聞決不與『嚴正中立』『不偏不黨』『公平無私』等抽象的公正，性質不相一致，乃是如執於特殊羣的生活意識，拘執於社會的認識的，但此爲新聞機能的當然，這是新聞發生的理由及存在的理由。近代新聞之可驚的發達，也是由於此機能。近代政治，便是以各種利害羣之對立關係，以其生存在競爭為組織的根本為主要的方法，而以其為表示對立羣的認識態度的機關的必要，實促新聞的發達。

但是新聞的此種性質，及其以擧有實際效果為商品價值，新聞紙占有如商品樣的有利的地位，於是向由上述新聞的機能者，現在則由迎合一般社會感情的共通性質，能與以刺激，以擴充新聞的傳佈；並以增高商品價值的方法的發達，新聞紙遂如商品有資本主義生產，新聞以此喪失其社會的認識態度，成為投合社會的感覺之官能的性質之刺激品，這樣完成了新聞紙之資本主義商品的性質。

三　新聞心理與羣集心理

一般人對於新聞紙常責其迎合羣集心理。這據說是由二種必要所生的現象。即一是因為新聞是煽動政治家的手段，二則因為新聞是商品。但此種見解實含有多少的錯誤。政治家之利用羣集心理，雖自古曾有其例，但其間實有討論餘地，新聞紙之爲政治家所利用，究竟能與利用羣集心理之事相同與否，殊爲一問題。我們須知羣集心理是一種與本能的反射運動相近似的興奮，基於特殊感覺的刺激，尤其是視覺、聽覺的刺激，幾於是無意識的反應。把這名之曰『心理，』這實是一種太幼稚的行動狀態。我們以習慣名之曰『羣集心理，』其實是應作此稱謂的。所以如印刷物那樣間接的刺激，本是不合於對本能的興奮。雖然印刷物，由讀者的想像力，可以如聽到聲音樣有同樣的效果。但這是先訴之視覺的。所以由一定的約束而具有意味內容的言語，因爲其所表現是不伴聲音的文字，致隨言語同來的感覺上諸刺激完全喪失以盡，讀者除非以自己的想像力把這重又造成聲音，這樣始能由印刷物的刺心，明白單純的意味內容。換句話說，印刷物的效果是『理性的，』因之決不是羣集心理。訴之理性手段是訴之最高級的人間心理的事，決不是訴之羣集心理那種煽動的本能的興奮。故以印刷物爲煽動羣集心理的媒介是極不適當的。

新聞紙之投合羣集心理，由上面的理論來說，所以是非常錯誤的，但一般的作如此解說，也不是沒有理由的。

新聞紙雖然要立即刺激羣集行動是不可能，但這對於一般社會卻具有那樣的性質，使之一旦受了直接的刺激，便立即會發生反射行動，爲人間社會現象的羣集的行動，本不如動物羣那樣的本能行動，而爲由特殊的社會環境而成立的，以共通心理爲根本所發生的本能行動。如馬羣以突然受驚而左右馳突的行動，與在社會的意味上之羣集心理，毫無關係。因爲在人間，是具一定的社會心理，即特定社會羣的性質所統一之心理傾向，而以此爲條件而發生羣行動的。人羣在這時候，其所以與動物羣不同者，則第一羣的組織具有一定的生的傾向，因之具有生活意識。換句話說，人羣之羣的構成上必具有意識的或無意識的目的。並且縱使在羣行動表現爲反射的勃發時，其行動亦必與羣之目的相一致而始發生。所以即如在mob，卻有政治的或社會的等種種。固然，在單純的羣集行動，也有露於如動物樣目的的混亂的，不過這樣的行動，卻不能說是生物學的羣行動，就爲人間社會現象之羣集心理之發動言，決不是重大的事物。至少，把這說是社會心理的現象，寧說是一般的動物心理。例如戲院內的羣集，一聽到『火！火！』那樣的呼聲，就陷於無意味的混亂，這完全與動物羣的行動無異；但與人間社會心理上羣集行動的特徵是絕不相似的事。

人間社會上羣集心理的特徵，在社會的動機以其反射行動爲基本一事。雖然在此行動的自體是本能的，反射的那時候，其實則引起此單純行動的動因却定由於極複雜的社會的動機。其行動在初步的上雖是單純的，但其動機在社會上却是複雜的。這在人間，雖然有發生動物的反射行動之時，但却是由複雜的生活經驗所蓄積的心理內容爲根本的。

例如由恐怖的心境而發生行動之時，在動物，則其恐怖的動機，除了現在目前感覺的刺激外，便無所有，完全是由於視覺聽覺等當前的刺激；但在人間，則其恐怖定以複雜的生活經驗之蓄積爲根本的心境，而不是單純的以目前感覺的刺激爲動機。如巨大音響，雖然不論人間或動物，都會同樣的發生瞬間的恐怖心，但是人在聽了巨聲以後，發生社會的擾亂與否，却是疑問。因爲社會的生活上人間的恐怖，不是單純的感覺的恐怖，這是以社會的生活經驗爲基本，是想像的恐怖心。

所以即如基於恐怖心那樣單純心理的反射行動，在人間却是具有極複雜的經驗的根據，且是一種極複雜的社會心理的現象。但單是此複雜的心理，決不足爲羣集心理的發動。凡在稱爲羣集心理的現象的時候，具有一定的心理根柢的人羣，到底與動物相同，必須受到一當前的感覺的刺激，始有行動的發動。mob 的運動，若只置在社會羣必須發生本能的行動那樣的狀態之下，那是不會發生的。在這裏，到底須有如煽動的演說，地震火災等直接的刺激，始能勃發。

新聞紙因爲是印刷物，所以不是足以發生上面那樣的羣集行動的直接刺激。印刷物，如前所言，不是以感覺的刺激爲主的事物。這不是讀了之後，立即能有感覺的刺激那樣心理的效果。所以這不是羣集行動的直接刺激。但是一旦受有一定的刺激，則其力足以立即發生羣的行動。這在新聞紙的性質上是當然的。新聞所以與羣集心理密切相關使由於此。

新聞紙是社會的感覺機關。社會人感覺之如何，在近代社會，新聞紙尤爲最有力的決定。社會的感覺是對於現在社會生活條件之感覺。此感覺只有簡單的快與不快的兩極，而積極的或消極的對現在生活條件的感覺，即是快與不快的感覺，是決定此社會的感覺。新聞紙由這二種機能，故能成爲構成此種感覺的機關。這其一是由於能有客觀狀態的知覺，其二是由於能對之決定感性的傾向之力。

使之如實的知覺社會的客觀狀態，這是使之自覺社會價值的最有力的方法。知覺含著由生活經驗以來的判斷，沒有經驗的嬰孩因此沒有知覺。新聞紙是把社會的知覺的範圍，在縱橫兩方都加以擴大，一般人因此乃能以之批判自己生活之社會的價值。向來在鎖國狀態的日本人，因其知覺發達的幼稚，心中沒有什麽不滿之感。但自新聞紙應着對近代世界情勢的知覺，於是日本人的自覺，因以發達。遂欲圖謀有近代國家的發展。

又，因為新聞紙可以為表現社會的知覺深銳的，所謂少數先覺者的意識的機關。故以知覺上的刺激。對於鈍感的一般人，具有啓發其知覺的效果的能力。社會的感覺是社會人一般的感覺狀態，但在一切感覺上，卒難免有敏感者與鈍感者之差別。不過由言語文字等機關，敏感者之心的狀態與鈍感者，恰如液體運動，有一種使之平均的傾向。新聞紙便是最有力的平均作用的機關，人心的進化過程，以此，在所有新聞紙的社會與無新聞紙的社會之間，實有莫大的差別。新聞紙以其能使知覺狀態均一，導想像，理解判斷的作用於共通狀態，使感情、理知、都為社會的共通的事物。此種事情的存在，尤其是具有新聞機關的社會，是為最好。而在沒有新聞的時代，或沒有印刷物的時代，甚至使社會的意識狀態成為共通的事物的機關。也是沒有，那時的機關，只有由集會、宣傳、公布等方法，但此方法因為是限於部分的社會集團，所以到底不能如今日樣，造出全世界都有共通的社會意識的狀態。其所以致此者，則完全是新聞的力量。

新聞因為像這樣具有決定社會的感覺的性質的力量，於是世人以為這是新聞所以與羣集心理有關，但其實這是與羣集心理不相關的現象，此前所曾述，羣集心理是具有一定的共通心境之羣，以當前的刺激而發生勃發的行動，但其造成此種心境作用，則完全爲別的事物。新聞紙是與此心的素地有關的機關，是使一定的共通心境得以成立的機關，但可不是加以刺激使之勃發爲羣的行動之當前的刺激。

新聞不是羣集心理的刺激機關，這一點，就新聞心理與羣集心理不同來加一番考察便可明白。新聞心理，在今日雖以爲即是 Journalism 的心理，但實則新聞心理與由新聞紙的發達所生，爲一種新聞技巧的 Journalism 是新聞——尤其是發達成爲商品之時——用以投合那與新聞的機能有別，但却結着不可離的關係，一般的享樂心理，在社會現象的記述與解釋上所採的方法，且是技巧的方法，說起這恰如遮掩於新聞機能上層之裝飾的衣裝。新聞心理與此表面的衣裝沒有關係，是與新聞的機能相關的心理。

Journalism 正如人間的衣服，不止用以防禦寒暑，還有種種的形式色彩，故在新聞，有非常重大的技巧。正如發達到高級的衣服，不能輕視色彩與形式樣，文明社會的新聞紙亦不能排除 Journalism。學者與藝術家的常弊，把 Journalism 與低級的 Sensationalism 混作一起，他們把 Journalism 當作完全無用而有害的方法，竭力想自新聞紙，並且社會上，除去 Journalism，他們不憚這樣的公言。不過這些人，便若新聞的報道，完全不用 Journalism 的衣裝而表現，他們能夠滿意與否，這却是個疑問。在言語上雜有手勢與抑揚，這就科學的報告等言，或許可說是無用，但是即在科學者，倘其社會的談話，也如科學的報告樣用正經語氣，則我想當然不能感到愉快。Journalism 在這好一方面的意味上，實即是社會現象的談話法。新聞之所以有此談話法的必要，正如衣服須有色彩與式樣。因此，那些以爲不妨自社會排除 Journalism 的學者與藝術家，正如以女子只須能產育子女便好，無用其爲羣人，主張從社會排斥美人一樣。美人之禍常足以害人傾國，Journalism同樣，亦常使社會的感覺成爲病的，且使社會意識成爲錯誤的。不過，若遂以此要想除滅美人及 Journalism 於社會，那到底只是妄想。

話要說回來。這裏所謂新聞心理，不是 Journalism。即不是新聞詞法的心理，而爲新聞自身的心理。原來新聞紙這一種機關，其一般的對客觀狀態的認知是經由新聞記者的特殊的人們。如新聞資料的採擇與表現，都非經過這些人的心的透鏡（Lens）不可。新聞之成爲新聞紙的過程是經過極複雜的心理的曲折，現在雖不能對此過程有科學的充分說明，但總說一句，新聞與新聞紙之間有主觀的介在，則爲無疑的事實。若把這中間的過程來抽象的加以觀察，則恰有似於心理學者所謂感覺機關與運動機關之中間過程。感覺機關與運動機關之間完全缺乏中間過程者，就是反射運動，但新聞紙決不如反射運動缺乏中間過程的。就常識的以言，新聞紙固是反映社會的事物，但新聞紙對社會現象決不是如實的反映，試用前面的比喻。是社會現象在刺激感覺機關之中樞神經，受有一定的心理狀態的統制，而構成特成的意識狀態，表現於所謂新聞紙的機關的。社會現象，在新聞紙是形成所謂 Sense data 的事物。而新聞紙則爲由此刺激的意識形態的表現。這其間，介着怎樣的過程，則以新聞記者其人之社會的生活經驗而不同，常由他們社會的地位以決定，因之，以其經驗性質與地位之殊異，往往同一data構成完全相異的意識狀態，造成不同的新聞紙。

所以news這東西，已旣在由客觀的data而爲主觀的選擇這意味上，在喪失其爲客觀的現象上，是一定的意識狀態，並且，以其使之有一定的表現形式者所爲新聞紙，所以這其間的過程，實極複雜。

總之，所謂羣集心理，決沒有如上面那樣的複雜過程，因爲在刺激與運動之間不介有那樣複雜的心的過程。故由這性質，可以斷定把新聞紙當作羣集心理的事物，是完全錯誤的。

新聞與羣集心理相結的時候，便是新聞紙以商品而製造的時候，爲獲得多數的讀者，於是有投合羣集心理的必要。但即此見解，其間亦有錯誤。因爲成爲商品的新聞紙，是多求得多數購買者所取的手段，是所謂 Journalism 或墮落於此的事物。這所利用的是與新聞機能各別的作用，與羣集心理實無關係。煽動政治家之利用羣集心裏，嚴格的說，是只限於其演說，其態度，能直接訴之羣集的感覺之時，這是由多年的努力而造成一般民衆心理的傾向的方法，所以不論這是由怎樣的煽動手段，到底是與利用羣集心理，完全異其性質的方法。其實，新聞爲獲得多數的讀者，即在使之有商品的價值之時，謂之曰利用羣集心理；似還是說在養成一定的心的傾向而加以利用。在這時候，新聞紙不消說是未嘗拘泥於新聞的機能。正如賣酒的無拘泥於酒的藥物學的機能一樣。新聞在成爲商品之時，是混有新聞機能以外許多雜物的新聞紙。Journalism在這裏脫離了news上所必要的技巧，成爲創造新聞紙用以滿足多數人心理的享樂的嗜好品的技巧。這所具有的，只是與news完全無關，刺激大衆娛樂那新聞紙的部分。因爲此大衆的趣味，不在求新聞，而在求感覺的昂奮，感情的耽溺等心理的享樂。在這時候，大衆對於新聞紙所求的是新聞以外的事物。這正如爲保衞齒牙而用牙粉的大衆，而只知求由牙粉的味覺嗅覺所得的快感。大衆對於新聞紙，其所要求旣是news以外的享樂的目的物，所以世上所供給的是包含news以外的效果的新聞紙，這是成爲商品的新聞紙的性質及方法。

Journalism 這樣，因了商業主義，使其技巧與news的必要相分離，而墮落於只使人有那與新聞的性質完全無關的刺激的技巧，結果完全墮落爲非藝術的一樣。在一般學者與藝術家，以爲此墮落的 Journalism 便是新聞性質的必然。但實則此墮落的 Journalism 決不是新聞上必然的心理與技巧。這完全是離去新聞的性質之新聞紙——成爲商品的——的方法。這雖是在新聞的紙面，但可沒有表現是爲新聞，還有與說書者的藝術，江湖術士的手段等享樂的對象相近似的性質，是借着新聞的紙面而表現的事物。這是故事、小說、棋譜之類，與雖登在新聞紙上而不能稱爲新聞的事物相同。伴着新聞的 Journalism 與爲商業主義所誤的 Journalism 這其間的不同，實比 opera 與 operetta 的不同更甚，在這裏，是沒有共通性質的存在。這正如那天所載的news與小說、故事間，雖然是同篇其面，但却沒有共通的性質一樣。只是因爲成爲商品的 Journalism，其所使用是與news的 Journalism 所生者同其資料，於是有人以爲同其性質，其實則彼此之間，只是資料相同，其運用資料的技巧的性質，實全然殊異。這正如相同的歌謠，其在爲刺激藝術感覺的歌的時候，與只是引起聽覺官能的快感的歌的時候相同，我們當然不能以此，遂說純粹的藝術的技巧，與以官能的效果爲目的的機械的技巧，是同性質的技術。

但是，即在那造成商品的新聞紙的，墮落的 Journalism 也決不是投合羣集心理那樣本能的心理的事物，而爲一種利用具有一定文化意識之複雜高級的社會的心理傾向的東西。這不是訴之單純感覺的方法，這是由對發達的社會的感覺與特殊的時代心理之把握，而技巧的造出對比的刺激，是極進步的技巧。新聞的資料，由此方法以造成刺激物，舉其極端的例，有如發生傳染病之時，其報道實並不視爲關於社會衛生的知覺的news，而爲一種對於傳染病的社會的恐怖現象的表現。又如犯罪事件，況並不以爲社會的警戒味上的news，而爲一種以由犯罪事實所起的心理的興奮爲享樂目的的事。商品化的新聞紙，這樣把news只當作刺激感情的東西，推原其故，是因爲一般大衆，雖衆求由新聞的機能以獲得社會的知覺，同時，他們有感覺的弱點，即有隨着感覺耽溺興奮的一般傾向。這個弱點，在社會方面雖是竭力加以抑制，但新聞紙則往往以迎合此弱點，以增大其新聞紙的要求。一般人對於同一事實普通多是不喜私學的報道，而寧願 Journalism 的記載，並且喜歡此Journalism忘其 news 的機能，而墮落於動聞的方法，這是一種弊害，但商品化的新聞紙則更助長此弊害，而加以利用，所以新聞紙的商業主義之利用此弱點，是直接與羣集心理沒有關係的。

當此之時，新聞紙爲使其商品的性質强而有力，於是只求投合大衆心理的弱點，但是我們須知此時的大衆，可決不是動物的羣集，不是數量的羣集的意味，而爲文化的或政治的意味發達時代，具有一定傾向的社會大衆。所以墮落的 Journalism 之投合此等大衆，我們與其說是 Journalism 的墮落，似毋寧說這是社會文化狀態，政治狀態的墮落。墮落的 Journalism 只是使此社會的傾向昂進的惡技巧，在社會中若沒有墮落的要求，到底是不會有病的 Journalism 的存在的。健全社會的 Journalism，因爲不能使隨 news 的人間的感覺過此以上，於是墮落過此限度，即不免有減少其商品價值之虞。反之，具有墮落的感覺的社會的Journalism是應着與news無關的病的感覺的興奮而起的事物，正像Gass是應着美國文明而發生一樣。健全的社會，決不會有使Journalism墮落的事物。所以當社會進於世紀末的頹廢期之時，是Journalism最墮落的時候。不過Journalism不過能夠單獨的墮落的，這完全是社會的頹廢的反映。

由具着煽動的目的的新聞紙，產生投合羣集心理的見地，而Journalism則爲應其社會之政治狀態而與一般政治的心理相投的事物，這也是帶有社會上政治狀態的性質，不是單由新聞紙所能造的現象。這是造羣集心理得以勃發的根據的，但由此種作用者，可不只新聞紙一物。如政府的教化、政黨、教會等的宣傳，不問其對於羣集心理有無直接的效果，但都是與新聞紙相同，具有造成使羣集心理得以勃發的根據的作用的。當日本大震災之時，其所以發生鮮人來襲的風說者，或是因爲大震災的刺激，於是發生動物的恐怖心，爲其起因；但實則如前所曾言，人類的恐怖心，也是由於生活經驗的結果。由大震災所惹起的動物的恐怖，以與平常國家的教化所養成的民族的反感爲根本的恐怖心相結，於是乃有羣集心理的行動。這種情形的發生，便是因爲國家的民族教育，造好了有使此種病的羣集行動得以發生的根本。這是國民教育的作用，但新聞紙也有與此同樣的作用。即以對news的資料經過特殊社會意識的選擇，以特殊的意識傾向對此加以報道。實可以培養特殊的心的傾向。所以若說新聞紙與羣集心理有關，則國家的教育機關，教會的宣傳機關，也可說是與羣集心理有關。既然造好了一定的心理根本，在受到某種强力的刺激而發生爲羣集的行動，這是事之當然。不過新聞紙在造成這樣的根本一點上，可以說是比國家的教化機關更爲有力。

把羣集心理使與新聞紙脫離，這意味，決不是在表揚新聞紙而貶抑羣集心理。我的意思並不是說羣集心理常爲社會心理，是應該極端排斥的現象，也不是主張人間社會應該完全沒有羣集心理。

若其如此，是因爲這意見的根本，以人類的羣集心理爲與動物的沒有大異，以羣集的行動只是使人類社會的統制趨於破壞之故。自然，即在人類，其羣集心理中免不了有許多動物的心理作用的活動。因爲羣集心理是帶有最單純羣集現象的性質的，因此，在這上面，其作用不免是以動物的本能爲主。這純然是感覺的，其感情的要素不是經驗的，而爲衝動的，對於社會的經驗沒有影響，而爲動物的事物。

不過即此動物的羣行動，在生物學的生存上亦有重大價值，生物若一失此本能，便難免於滅亡。但是人類的羣行動，如前所述，決不如動物羣樣爲單純的機械的事物，大抵都含着所謂社會的動機，單就結成爲羣一事，即已含有社會的動機在內了。人類的羣不如動物之羣之以生物學的動機，氣象學的動機，或偶然的事情而成，必是含有某種社會的動機，因此，其羣行動在羣集心理上雖是單純，但必與其使之構成爲羣的社會的動機有關。具有政治的動機的羣，其羣的行動是到處都受此政治動機的支配。羅馬的市民，因安東尼演說的煽動而發生羣集的行動者，決不是因爲刺激了他們動物的感覺，而是因爲與羅馬的政治組織有關，所構成的政治心理，即複雜的社會心理受了刺激。所以在人類，羣集心理實不只是動物的本能的現象，還是更複雜的社會的現象。

在這意味上，人間社會的羣集心理，其根柢心有某種社會的條件，不管那樣勃發的羣行動，若沒有社會的條件，決不會發生，日俄戰後，發生於日本全國主要都布的燒打事件，其心理的動機，便是多年來日本國家以對於中華大陸的侵略政策向國民間鼓吹宣傳。而國家的教育也是與此同其目的，常以使之對在中華大陸的競爭者抱極端的民族的反感。由此種國家目的的長年月的教化的努力，倘若在國民間沒有構成一定的心理傾向，那末，像燒打那樣的羣集行動，是必不致發生的。

意大利的法西斯運動，雖是利用羣集心理的，但可不是感覺的動物的羣心理之利用，這是有以多年國家的教化所造成的國民心理爲其基礎的。故凡在社會的教化普遍之國，此種意味的羣集心理，常有勃發。

同樣的意味，與上面那具一定的社會統制之羣行動相反那羣集心理的傾向，是尤可注意的事。這與前面之情形相較，寧是動物的，本能的，是捨棄了由社會的方法所施的教化、統制等的約束，而勃發的羣集心理現象。

人間之羣本是具有複雜的社會的動機，但在前面的情形，其動機寧是以單純的生物學的生存條件爲基礎。即對於社會統制的壓迫，寧是單純的生存行動的勃發。例如從前的農民暴動，大正時代的米騷動都是。不過勃發的動機雖是由於感覺的刺激，但以單純的刺激而發生運動的羣集心理，則實以他們所生存的社會條件爲基礎。但是即在此情形，羣集心理是具有簡單的動物的動機。而在發達的社會，則此種勃發，必含有一定社會的生存組織的要求，是非常複雜的現象，爲我們所當注意。

新聞紙對於此種羣集心理的勃發，固是沒有直接的責任，但是對此具有極重大的關係，這是不消說得的。社會的知覺一旦達於某水準，人間的羣集行動就有了必須的條件，而新聞紙則爲充此條件的機關。新於政治當沒有一定的知覺狀態之時，由政治的動機以生的羣集行動，自無從發生。新聞紙是以社會高到一定的知覺狀態爲人間羣行動之基礎條件。

至於此種羣集心理的行動之社會的價值，則有消極積極種種。有時爲病的發動，亦有時爲健全的興奮。但不論善惡之如何，新聞紙必須先使之有一定的社會知覺之成立，這是最有力的基礎條件。

——本篇譯自日本長谷川所著。

注音符號與新聞紙

黃天鵬

教育部推行注音符號委員會開第二次談話會，有幾條與新聞業最有關係的議案：(一)是勸告新聞業在可能的範圍內，字旁加注音符號，討論的結果擬照辦；(二)要使國語注音符號仿照日本文『片假名』的方法，逐漸推行，討論的結果可照仿；(三)通告各印刷業，要改鑄銅字模，字旁一律加注音符號。這是新聞紙文字上最重要的問題，我們應該提出來研究和討論，怎樣才能夠實行，在新聞業上開一個新紀錄。

我國新聞紙的不發達，大家總說教育未普及的緣故。這自然是一個原因，但根本的問題，還是方塊漢字的艱難。統計全國的人口四萬三千六百零九萬四千多人，其中識字的人，不過八千七百二十一萬八千多人，僅佔全人口百分之二十，其餘的百分之八十，就是目不識丁的。據字典的紀載，漢字共有四萬多字，現在通用的約有五千多字，新聞紙上用的也在三四千字左右。『平民千字課』要一年多纔能學完，這三四千字最少要數年的工夫才能認得。換一句話說，要念四五年書，才能夠閱報。在目今的社會情形之下，不消說是辦不到的，也太不經濟了。

因爲要解決上述的困難，就有一種『事半功倍』的注音符號產生，在漢字邊注有符號，只要記得四十個字母，學會拼音的方法，就可讀出音來，雖然不認得方塊的漢字，也可知道記的是怎樣的一回事，緩緩地由音會意，由意識字，這個多年的識字難題，就可迎刃而解決了。所以教育部積極的推行，希望在最短期內普及全國。

新聞紙本來是一般人的讀物，新聞業者近來已有此種覺悟，文字一天比一天淺顯，較新的新聞紙，也採用白話了。但是，這是臨時救濟的方法，從根本上着想，應趕快着從教育部的勸告，在方塊漢字旁邊，附加注音符號，像日本的報字，把片假名附在漢字旁邊，只要認得幾十個字母，遇着不認得的漢字，也能讀出他的字音來，自然懂得他的意思了，無論男女老幼，只要認得片假名，都能夠讀懂，所以新聞紙的銷數，起碼十幾萬，最多已超過一百五十萬了。據最近的統計，全國有新聞紙四百多家，每日銷數總額約一千二百萬份，以七千萬的人口計算，每六人中共閱新聞紙一份。反視我國呢，說起來真是慚愧，新聞紙最大的銷數，不過十多萬，少的僅數千數百而已，全國雖有六百多家，銷數合起來不過一百多萬，尚不及朝日新聞一家的發行額，以四萬萬多的人口平均計算，每四百多人中僅有一人閱報。這與其說是教育的不發達，不如歸咎於文字的艱難罷。

日本的文字，本來就是漢字，片假名的符號，最初在士大夫階級却不大流行。明治初年的新聞紙，只供智識階級的讀物，片假名只附在一部份有特殊性的文句，後來新聞紙爲推廣銷數起見，才盡量的附加片假名，一般粗識字的和只識片假名的，也能夠看了，銷路就突然的增加了。我國新聞紙要推廣銷路，也只有附加注音符號的辦法，使受過教育的人能看，就是未嘗受過教育，而只學了注音符號的也能夠看新聞紙銷數自然增多了。

現在新聞界對於注音符號的採用，似乎不是抱着觀望的態度。從前中華教育改進社會請各報改用語體，一方可以促進社會的文明，一方可以使讀者的普遍，報館因爲狃於積習，藉口時間和經濟的關係，漠然置之。而今要改用注音符號，在編輯上印刷上難題自然更多了，但是我們要認清新聞紙是大衆的讀物，人生享用的一種，並不是一種裝飾品，或一種特殊的東西，當前的難題，我們只有想法子來解決，用不着遲疑的。天下沒有困難的事，也沒有坐享其成的事啊！

新聞紙採用注音符號，在理論上不必討論了。現在的問題，是研究怎樣的實行。我們平常往往自誇的說，新聞紙爲時代思想的前驅，自然應該負起提倡的責任，現在雖一時不能立刻實現，但不可不有充分的預備，如編輯人員的訓練，紙面的整飭，鉛字的鑄造，工人的學習等等，都應有縝密的計劃，那家首先實行，定能成爲大衆的新聞紙，銷數佔第一的位置。新聞界的勇士們啊！聯合起來，開闢這條光明坦蕩的新途徑！

——自新聞講話，新聞學演講集。

論中國所需要的言論出版集會結社的自由

何子恆

一　小引

言論出版集會結社的自由，本來是國民黨的黨綱之一，可是這四年來，國民黨雖掌握了中國的統治權，這一個基本的政綱，幾乎沒有切實的遵行過。直到全國人心十二萬分的失望之後，於是為收拾人心計，再於去年二月間，訂立一種約法，舊賬重提地對這幾種人民基本的權利，再加一重文字的保障。當時，我曾做了一篇批評這個約法的文章，叫做寫在國民會議及約法製定之後登在新生活週刊第四期（此刊物不久即停刊。）我當時即說，這個約法，在文字上總算對於人民的自由，加了一重保障，可是這種保障，祇是一種文字保障，實際上必然絕無半點效力，因爲國民會議並沒有產生一個站在政府相對地位的人民參政機關來監督政府恪守約法的規定。後來政府一舉一動所給我們的事實，幾乎和未訂這個約法時絕無不同，言論的不自由，和未訂約法時一樣；新聞的被檢查，和未訂約法時一樣；許多理論書籍的不准發行，也還是老樣；集會和結社，也並不因這個約法訂立之後，而稍呈活氣。最妙的就是和約法精神大相逕庭的出版法，和危害民國緊急治罪法，竟一仍其舊，絲毫未經國民會議修正！

在不明瞭中國情形的外人，看了中國約法上所載着的自由，或許會誤認爲事實，那知在事實上，這些所謂人民的自由，祇是紙上的自由；所謂人民的權利，祇是一個騙騙小孩的空心湯團！

直到國難發生，政府的威信掃地之後，爲保持牠的殘喘計，對於拂逆人民意志的種種高壓政策，總算漸漸在人民革命的威脅之下，斂跡了！本來肆行無忌的新聞檢查政策，在各方的反對抨擊與脅迫中逐漸廢止了；本來動輒得咎的言論界，在國難的召喚之下，比較地敢於說話了。大規模的集會向來是夢想不到的，遂在長期的禁壓之下，紛紛爆發了！唯有人民可以自由組織政黨的結社自由，在所謂「反動」「反革命」等等口號的威嚇之下，尚少人大胆地來運用這種人民應有的權利。

但是這種言論出版集會等等比較的自由，純粹是國難中偶然得來的短期的暫時的自由；統治者的地位一穩定，或又想禁壓的時候，隨時都可以取銷這些自由。世界各國的統治者，決沒有自動地給人民以自由，自由的獲得，完全出於被壓迫者向統治者爭鬥，而統治者則因形勢的不可違抗和抵抗，始對人民讓步。這次國難發生，充分地證明了這一點。沒有這次國難，南京前政府的弱點，還不致盡情暴露，人民對於前政府的信仰，還不致全然失墜；人民自決與監督政府的心理，還不致如此迫切；言論出版集會結社自由的要求，還不致於若是之强烈；即其命運，也不致於這樣地短促。這是明眼人誰都能看得出來的事實，毋容我來贅述。我們所須認清的，便是一切的自由，決不是一紙空文的約法所能保障，乃是從爭鬥中得來的。現在我們的言論出版集會結社所以能稍形自由的緣故，全因國難中無數青年不絕的示威運動與奮鬥犧牲換來的。換句話說，便是自由的保障，不在白紙黑字的黨綱和約法，而在被壓迫者自己肯起來爭鬬。

自從蔣主席下台，學生的運動，因小小的枝節，竟致受國府的禁止，至今，除中學生外，尚不敢有所舉動，於此我覺得這數月內因國難所爭得的自由，隨時都有被統治者剝奪收回的可能。現在一中會雖又錦上添花通過切實保障人民言論出版集會結社一案，但對於保障這些人民權利的監督立法機關，至今尚未容納人民參加，同時對於代表人民的參政機關（如宣傳已久的國民救國會議案，）則至今消息全無。保障的機關既未具備，假若現政府也循前政府的故轍，來侵犯人民這幾種基本權利，試問人民究竟有什麼力量去制裁牠？

我們在現在的政治狀況之下，可說沒有相當的方法來制裁政府違法的行爲。我做這篇文章的動機，就深恐國人誤認自由的爭鬥，已到止境，無須再事抗爭，致使最近所獲得比較的自由，重復葬送於國人姑息因循的惰性之下。所以我在這裏所要說明的，就是我們爲什麼需要自由？到什麼時候，我們才不需要自由？在現在的社會裏，我們應當怎樣地去保障自由？或者現在的社會國家裏，我們應該有怎樣地最小限度的自由？現在請分別一說。

二　我們爲什麼需要自由？

自由，不論是言論出版集會結社的自由，都是不平等的社會裏所特別發生的要求。在這種社會裏，因經濟上的不平等，所以不論在政治上社會上教育上，都發生了顯著的差別。而言論出版集會結社自由，就是想憑藉其本身的力量，來打破經濟上政治上社會上教育上種種的不平等。所以自由的要求，就在打破不平等的社會，實現平等的社會。自由是由不平等的社會，進到平等社會中的一種爭鬥的手段。必待社會的經濟平等了，自由的爭鬥，才變成不必要的事件。至於這個經濟不平等的社會，一日存在，則自由的爭鬥，自然一日不可停止。

就現在世界各國而論，英美德法日本等資本主義國家，言論出版集會結社的自由，已不成問題，而在共產主義的俄國，言論出版集會結社雖存在，至於自由，那便不能隨便了。我們中國在這種場合，究應效法歐美日本諸國呢？還是效法蘇俄呢？要解答這一個問題，就看我們中國現在的社會，究竟是經濟平等的社會呢？還是一個經濟不平等的社會？歐美日本各國的所以不能捨棄自由，乃是因爲牠們的社會在經濟上是一個寶塔形的，多階級的社會，上層階級與下層階級的利益，有顯著的矛盾衝突，所以下層階級爲謀解除其痛苦與不幸計，始有爭言論出版集會結社自由的必要。至於蘇俄則根本上否認了私有財產制度，剷除了經濟上的不平等，大多數人在政治上社會上教育上，皆有一般平等的趨勢，自然無須乎自由的言論出版集會與結社了。因爲現在世界上的政治制度，根本上說來，不過有產與無產兩種形態，前一種的社會是不平等的，後一種的社會是平等的。在不平等的社會裏，有向平等社會進發的趨向，所以須要言論出版集會結社等等的自由：在平等的社會裏，目的已達，那做手段的自由，自然不再須要了。設在一個平等的社會裏，更要求有自由的言論出版集會與結社，那因個人主義發展的結果，勢必至於將慘澹經營而成的平等社會，重行毀壞而復返於什麼都不平等的資本社會之域，所以在一個經濟不平等及其他一切都不平等的社會裏講自由，有使社會經濟進於平等境域的可能；在一個經濟已平等而各方面皆有趨於平等趨勢的社會裏講自由、那便有顛覆平等社會恢復不平等的危險，險非推進社會平等的言動。因此，在歐美日本諸國是非講言論出版集會結社自由不可，而在蘇俄則實無一絲一毫的需要。

至於我們中國的社會，究竟是怎樣的一個形態呢？像歐美日本等資本主義國家呢？還是像蘇俄共產主義的國家呢？在好些安閒階級的大人先生們眼裏，中國還沒有大資本家，所以和歐美資本主義國家不同。不知資本主義的社會與非資本主義社會的判別，不在資本家的大小，而在私有財產制度的存在不存在。有私產制度，同時並不企圖廢止的，那便是資本主義的社會；廢除私產制度，同時防止牠的復起的，那便是共產主義的社會。因爲前一種社會，資本家的資本縱或不大，可是發展起來的時候，便會有大資本家。例如美國在獨立革命之後，國內並無大資本家，直到南北戰爭時還如此，但到近數十年來，那便大大的不同了，什麼煤油大王，銀行大王，鋼鐵大王，鐵路大王，汽車大王，都起來了。這便因爲美國的政治制度，是保護私有財產的，所以自始便是一個資本主義的國家。至於現在的蘇俄，再過十年二十年之後，國富必然大大地增加，可是仍必不失爲一共產主義的國家。因爲牠沒有私產制度，個人的財富累積不起。

中國沒有像美國那樣的大資本家，固是事實，但是這並不能認中國不是資本主義型的國家，因爲若照現狀發展起來，大資本家即會產生。所以，中國這個社會，在量的方面講，果然夠不上是大資本主義國家或者是帝國主義的國家，可是在質的方面，中國却已是一個資本主義國家了。況國際資本主義早已侵入中國，中國即無大資本主義之名，亦已有資本主義之實。故說到中國的社會是歐美日本型的社會呢？還是蘇俄型的社會？我們從經濟的事實上來解答這個問題，又不能不說中國是歐美資本主義型的社會。

中國的社會，在本質上，既同於歐美資本主義型的社會，所以言論出版集會結社的自由，在中國是有絕對的需要，絕不能步武蘇俄，而加以禁壓。

明白了上面這一點，便知言論出版集會結社等自由，在中國有絕對的需要。必待中國的社會，在各方面，尤是經濟的方面，都平等一律了，這些自由，纔成爲不必要的東西。假若，不平等的狀態，繼續一日，那被壓迫的最大多數的民衆，便不應放棄其言論出版集會結社的自由。

三　我們如何去求自由的保障？

我們如何去求自由的保障這個問題，在這國難時期中的個人的與羣衆的言動，已給我們解答了一部，就是唯有爭鬥，才能給自由以保障，除了爭鬥以外，決不是僅僅一個黨綱或者約法所能保障。唯有羣衆的運動與爭鬥，才能防止政府官僚的胡作妄爲。如王正廷的被打而免職；陸游伯之撤職查辦；陶百川陳希曾之銷聲匿跡；施肇基顧維鈞之中途撤銷錦州中立區案與天津共管案；又如張學良之聲譽掃地；洪逵忌之被保釋放扣留報紙之中止以及蔣主席之下野；推源溯流的研究起來，無一不是羣衆合力鬥爭所得的結果。在國難未發生前，國民黨的黨綱上，及約法上固明明白白地寫着保障言論出版集會結社自由的文字，但事實上所謂言論，祗有對政府與黨說恭維話，不然便裝癡作聾地說些不關痛癢的話；出版呢，有許多的書籍，都在懸禁之列，許多的書店，嘗被罰款與封閉；照例諱言國家大事；結社那便不必說是絕對不容許的反動行爲，假使沒有這次悲痛國難發生，這種文章與事實矛盾的滑稽局面，必會無盡期地延長下去。那知連年對內擅威作福的結果，竟給眈眈虎視的暴日侵奪了東三省，長期鬱積禁壓的民憤，也就乘時迸發，舉一切言論出版集會上的束縛牽掣，自動地掙脫，並使政府當局在嚴重激越的民衆感情與壓力之下，勉强遵守了歷年視爲具文的人民自由的保障。

於此，可知人民若不以重大的壓力，加諸統治者，統治者必不會自動地遵行其對於國民所發的信諾與所立的約法。我們讀西洋的歷史，也充分證明了這一點。人，不論是誰，本來是一種容易濫權舞弊的動物，非四圍的監視與關防嚴密，必不能使他做一個絕無罪過的人物。必待懂得了這一點，而後纔配談政治，而後纔配爭自由。所以，我們此後，若欲確保言論出版集會結社的自由，那我們第一便不可失却在國難期中所表現的爭鬥精神。

但是，單有爭鬥的精神還不夠，必須這種爭鬥的精神，不僅成爲一種一時的感情的勃發，稍待時日，便由怠忽而中止，由中止而銷沈。一種羣衆的運動，必須不僅喊幾個不關大體的口號，請統治者注意人民的要求；必須助成幾種可以拘束統治者權力的制度，使統治者不獨不敢拂逆人民的意思，並且無法違抗人民的意思。所以在國難期中各地人民，尤其是學生所表現的精神，確乎配講自由了，可是他們對於保障自由的種種其他的必要制度，却始終沒有要求。從這一點上看，我又覺得這種運動，似乎還不足以談自由呢。因爲他們的精神，固足以爭言論出版集會結社的自由，而他們運動的結果，除了這個運動以外，却並未替言論出版集會結社的自由，設立了制度上的保障。我在前面已說過，黨綱上的保障；不是確實的保障；約法上的保障，也不是確實的保障；一中全會的保障，也不是確切的保障，真正確實的保障。祇在結社的自由上面，有了結社的自由，始有敵黨的監視，有了敵黨的監視，執政的政黨始不敢胡作妄爲。而自由的保障，就不費人民吹毫之力而成全在異黨的交鬨互鬥之中。所以言論出版集會等等的自由，要靠最後一個結社自由來保障。若事實上，結社不自由，異黨不能參政，則無論在黨綱上約法上提案上寫了「保障」「保障」的全字，終必成爲一種偶然的暫時的寬容，而不能成爲一種沒法搖動的確立的制度。可是，我們在國難期中所看到的，言論果然自動地自由了，出版當然不久也會跟着自由起來，集會也風起雲湧地爆發起來了；獨有所謂新的政黨，却不見有人敢於組織，這也許給「反動」兩字嚇退了。因此我對於「反動」兩字，便免不了又要饒舌了。

國民黨，無論在理論上和實行上都和歐美的資產階級的政黨差不多，爲什麽不學歐美日本資產階級政黨的那種寬容的態度？便要學那極不相類的共產黨的榜樣？我現在奉勸國民黨，勸他們此後，不要再開口「反動，」閉口「反動」了，因爲他們並不是主張破壞資產階級社會的政黨，拿「反動」兩字來嚇人，實在太不倫不類了，還是學歐美日本的資產政黨吧，不要將反對黨看作不共戴天的仇敵！

但是，單有結社的自由，也還不夠哩！人民，不論地方或中央，必須有普通的選舉權，而後人民有力量可以相對地制裁一個失信溺職的政黨或者一個政黨裏的幾個政客。不然，言論出版集會結社的自由，不獨有時受侵犯的危險，同時即使一時僥倖自由了，言論的力量，恐怕祇止於言論，在政治上恐怕發生不出什麽强有力的制裁和影響。

因此，國會和地方會議的設立，是絕不可少的一種舉動。有了國會和地方議會，各黨纔有合法的政爭的場所，在這種政爭裏，各黨爲了買好人民以爲下屆當選的緣故，對於人民的意思，決不至於十分的違抗，對於人民的自由權利，決不至於大胆蹂躪。可是在這次國難中，一般輿論與羣衆的運動中，對於這樣一個可以防止政府濫權與保障人民自由的一個機關，竟至沒有人提出來作一個民意所在的口號，所以我覺得現在所僥倖獲得的暫時的自由，是生命脆弱得很的自由，除了紙上的保障之外，全然沒有制度上的保障。

再如，司法獨立，也是所以保障人民言論出版集會結社自由的一種設備。但在一個沒有國會，和異黨自由的國家，那執政的政黨或者行政官吏，便很易與司法官結託起來骫法枉刑。所以沒有國會的異黨的監督和牽掣，司法便不能獨立，言論出版集會結社的自由，便沒有保障。

最違背司法獨立精神而危害人民自由的行爲，便是逢到與政府當局中人有宿怨的人，逮捕到手，不交給普通的法院去審判，而由軍事長官或行政官吏自己組織特別的法庭去審判。一到那種法庭裏去審判，人的自由與生命，十分之九，那就隨當局感情的喜怒好惡而定了。例如國民黨行動派領袖鄧演達在去年十二月十六日在南京判處死刑，便是由軍事長官或行政官吏自己組織的特別法庭去審判，現在我們不問鄧演達應否有罪，我們覺得交給特別法庭去審判他，根本便是違反了司法獨立的精神。南京的執政者，天天說尊重總理的遺教，天天說尊循黨義，天天說約法，但是事實上仍組織了摧殘人民自由的特別法庭去實人以罪。這種自相矛盾的事實和行徑，都是沒有異黨制裁的結果，也是沒有國會的結果。

所以，要講自由的保障，切不可再蹈迷信文字的覆轍，以爲祇要黨綱上或約法上寫了上去，便會發生效力。要講自由的保障，第一要注意爭鬥的精神，第二要能利用爭鬥的精神來實現幾種確實可以保障自由的制度，尤其在培養一種與執政政黨立在對抗地位的政黨勢力，以爲制裁牽掣的關鍵。若欲確保人民的種種自由，同時便得召集國會，使異黨取得參政的地位，同時使人民獲得普選制，俾人民得以制裁政黨或政客的失德與違法，再藉國會異黨鬥爭的勢力，造成司法的獨立。這幾點若能做到，則言論出版集會結社的自由，才算確立。

但是，很奇怪地，一般人都不敢自由地組織政黨，和提出普選與召集國會的口號來。在天皇神聖的日本，都能舉辦能早已實現的事情，中國國勢淩夷到這個地步還沒有人敢於吶喊，這我又覺得中國的國民性太弱了！中國的國民呀！你們憑已經表現過的精神，再來實現這幾種確保自由的制度和設備吧！

自然，這些確保人民自由的制度成立之後，我們不妨更添幾種確保自由的制度出來，如罷免官吏的罷官權，創製法律的創製權，修正法案與政策的復決權，我想祇要有了國會，有了異黨的存在，一手包辦或者官官相護的事情，必致無所施其技了。

這是在一個經濟政治教育等等都不平等的社會裏所必要的自由的保障，

除非到了經濟以及其他一切都平等的社會，不容放棄這等保障。

四　我們所應有最小限度的自由

我們現在的所謂言論出版集會結社的自由，其價值不過是白紙上的黑字。其所謂保障，不過是絕無保障的保障。政府當局若一旦打起官話擺出官架來的時候，便可將這些白紙黑字的保障和自由加以蹂躪。而在將蹂躪的時候，又沒有一個機關能設法阻止牠；正蹂躪的時候，更沒有一個機關能立刻制止牠；已蹂躪了之後，不必說是沒有一個機關去懲戒牠。具體而有效的保障，既沒有，當然更說不到什麼限度的自由了。

例如，民國十九年十一月二十九日在國民政府立法院通過的出版法，便是侵犯人民言論出版自由的一種特別法。但是到這個侵犯人民自由的特別法頒佈之後，人民當然懾於「反動」「反革命」等罪狀，固然沒說一句話，可是在政府方面，有無足以制裁政府這種侵犯自由的機關？完全沒有。監察院是立法院的一個平行機關，管不了立法院的一舉一動。中央黨部監察委員會是和政府一鼻孔出氣的，決不會去打理立法院的事情，按照美憲，國會假使通過侵犯人民自由的法律，大理院可以宣布無效。這是拿獨立最高的司法機關來防正立法部的濫權。英國雖不同美國，可是英國有普選的代表人民的國會，絕不致於通過這樣限制人民自由的法律。

我在前面已講過，若要人民自由有保障，必先扶植一種與政府立在相對地位或反對地位的勢力去參政。所以國會是不可少的，反對黨的參政，更是不可少的保障自由的條件；普通的選舉是不可少的，司法的獨立是不可少的。現在的國民政府，在理論的組織上，好像是五權分立，但在實際上，不獨這五權絕不分立，而集中在一個清一色的集團的手裏。所以這五個院，名義上雖然是分立，實際上這五個院之間，始終沒有發生過什麼爭執與衝突。監察院理論上事實上，並不能對政府提不信任案，或對於其他的院或機關提出彈劾案：政府的一舉一動，始終沒有受到那一院的牽掣和反對。整個兒的南京，既是一個清一色的集團，自然要怎麼辦，便怎樣辦了。所以，政府的不能保障自由，並不在政府沒有貼過保障自由的標語，訂過保障自由的約法，而在沒有容納與政府黨處於反對地位的政黨參政。

出版法最不近情而應加以商榷的地方，便是第十九條的一二兩款。第十九條說，『出版品不得爲左列各款之記載，』接着該條第一款說：『意圖破壞中國國民黨或三民主義者，』第二款說：『意圖顛覆國民政府或損害中華民國之利益者。』

我覺得第十九條的第一款，實在是不必要的。中國國民黨，假使牠的所作與所爲，足以滿足人民的意思。我相信沒有誰能以文字破壞牠。假使國民黨的政績不獨全不足道，並且牠的所作所爲遭人怨惡，那末即使沒有人以文字來指斥國民黨，我相信國民黨的聲譽也就掃地，他人不給牠破壞牠自己也走到破壞的路上去了。

並且「破壞」兩字，究竟怎樣解？拿文字來批評國民黨的作爲，就能破壞國民黨嗎？我想國民黨假使能虛心若谷地受人批評，不獨不會受人破壞，並且還會因人的批評指摘，而有所顧忌，改正自己的缺德。若做國民的稍稍說幾句不滿意的話，便說他是破壞中國國民黨，試問國民黨所標榜的言論自由，還有什麼價值？我始終以爲文字的批評，不獨不會破壞國民黨，並且更足挽救國民黨的墮落，所以我覺得這第一款的規定，反足以使國民黨蒙偏狹之譏而結無形之怨，所以大可取銷。

至於三民主義，不過是世間無數主義中之一種，爲是爲非，爲好爲歹，爲完全爲缺陷，爲可行爲不可行，都有待於世人的自由批評。沒有經過自由批評與自由討論的階段，而欲强人以必信，結果必致造成大批熱中名利口是心非的投機的僞信徒。今日國民黨的聲望所以失墜到這步田地，就在禁人自由批評三民主義，致使大部的信徒，都不是真信徒，而是僞信徒，假使三民主義自始便容許人家自由批評與自由討論，那一定不至於發生這種不可挽救的惡現象。

三民主義，確實是有至理存乎其中，那必不怕什麼批評。同時任何批評，也不致會損傷三民主義的毫末。例如馬克思主義，經過了近一世紀的全世界的嚴格的批評，到現在不獨沒有破壞，並且勢力愈來愈大了。

若三民主義，果真含有至理，試問爲什麽要怕人批評？總之，這一條款，根本是限制了言論出版的自由，同時也是錮閉民智的惡劣辦法，假使把人民看作有腦筋有理性的人，那便不容施行這類的愚民政策。

至於出版法第十九條第二款，比較的合理些，牠的毛病，在用字的不妥。牠說：『意圖顛覆國民政府或損害中華民國利益者。』我的意思在「顛覆」兩字上，應加「以武力」三字，所以改成『意圖以武力顛覆國民政府或損害中華民國利益者。』因爲不以武力的顛覆政府行爲，我們不應該認爲不正當。我們中國現在唯一的要圖，就在避免以武力來作政治的鬥爭，若不以武力來作政治的鬥爭，那我們便應該歡迎之不暇。所以，假若政府有應倒之罪，那末祇要倒之合乎非武力的原則，那便當予以容許。我們中國所以連年內戰不息的緣故，就因爲非武力不足倒政府的緣故。假若非武力，即可以倒政府，則一切的內戰，也可以不必了；人民跋涉千里的請願，及學生們憤慨激昂的運動，也無須了。關鍵即在當局開一非武力可以倒政府的道路，而後纔能禁止以武力顛覆政府的行爲。所以，第十九條第二款，非加以修正不可，同時應召集國會，賦以監督政府及不信任政府等等人民應有的大權。

至於集會結社的自由，在二十年一月三十日以前，當局是用暫行反革命治罪法來嚴厲的限制，在此以後，便用危害民國的緊急治罪法來限制，其中第六條說：『以危害民國爲目的而組織團體或集會或宣傳與三民主義不相容之主義者，處五年以上十五年以下有期徒刑。』這一條上半段還不錯，但下半段如說，『宣傳與三民主義不相容之主義者，——』那便侵犯人民集會結社的自由了，我以爲應加刪除。所謂自由者，即人民有自己選擇主義或加入政團之謂也。現在，這一條規定，便祇許人盲從三民主義，祇許人加入國民黨，試問所謂集會結社的自由在那裏？

但是出版法與危害民國緊急治罪法中侵犯人民自由的地方，在國民會議裏也沒有加以修正；這次一中全會裏更沒有人提起。照樣子看來，這兩個危害自由的法，一輩子不會有改正的希望，除非我們人民自己提出來要求廢止或修正。

關於人民所應有的最小限度的自由，在中國我還沒有看見人談過，所以我現特地將這個問題提出來，作爲一個討論的引子。我以爲在言論出版方面，應該有較大的自由。按照歐美日本各國的通例，凡僅有言論，而無暴力推翻政府與社會組織的行爲的，不應當受限制。照這原則來論，即使言論上說暴力革命，而事實上並無暴力革命的事跡，或環境的形勢上不致發生暴力革命的事實的，或其言論僅爲一種理論，事實上並無行動的，那便不應限制他的言論自由。

所以言論出版自由的最小限度，就是僅有言論沒有行動，或環境的情勢上不足發生危害政府與社會的事實的，不應加以限制。

至於集會與結社，按照歐美日本的通例，祇要這個集會和結社，沒有採用武力以推倒政府或改變社會組織的行爲，而僅在國會中運用合法的方法以推倒或改變社會組織，那便不能予以禁止。照這原則，即使以暴力革命爲信仰，而事實上並無暴力革命的事跡的，那便不容予以解散。

所以，集會結社的最小限度的自由，即是凡事實上不以武力謀推翻政府或改變社會組織的團體與政黨，都應當予以切實的保護。不獨予以切實的保護，同時應當在國會裏給他們行使合法活動的權利，不然，我恐欲禁止訴之武力的政團或政黨，是一件不可能的事。

例如，我們的學生運動，因爲激於外交失敗的義憤，毆打官吏，這在其他國家，是少有的事情，其根本的原因，就在中國的政治制度，根本無法制裁官吏的失職，人民想望鬱積到極點，遂不期然而動武。這和中國的循環不絕的內戰是一樣的原因。所以今日最根本的要圖，就是政治上非給人民以制裁行政官吏的力量。必待人民有了合法的制裁官吏的方法，而後因長期的鬱積而發的動武的行徑，才能消滅。

五　尾語

所以歸結起來，我們若欲確保言論出版集會結社自由，除了爭鬥的精神之外，同時還須建立幾種裁制政府權力的機關。最要的，不僅徒有機關之名，而須這些機關中，確有與政府處於反對地位的勢力存在。

——自現代學術月刊第一卷第五期。

報紙的將來

戈公振

這個題目看起來很大，而所討論的範圍亦很廣，決非短時間內所能發揮盡致。但是我想世界上無論何種事物，苟用科學的眼光，去詳細分析，一定得有結果，況且這個題目係普通常識，爲社會人士所必須知道的。所以就值得我們討論。

報紙的進化，先有口頭新聞，次木版新聞，次鉛印新聞等等。最初有人類時，穴居野處，茹毛飲血，地廣人稀，交通阻滯，言語，風俗，習慣，完全隔膜，有至老死不相往來者。此時固用不到什麽文字，對於新聞，更不需要。後來爲保持家族自己的繁榮與利益，逐水草而居，共營公共生活，遂不得不應用新聞，以溝通聲氣了。

古代的新聞，不過在骨頭上刻字，以留記號而已。聲音只能記憶不能保存，爲幫助記憶，才發生文字。自營共同生活之後，遂利用公共言語，以交換彼此之間的意見。除了言語之外，還用『手示』以表現意志而幫助言語所不及。現代的聲音擴大器，無線電話等，可以將音浪傳播遠地，以最近倫敦海縮會議開幕時，英王所致之開會辭，用無線電播及全世界，科學發達可謂登峯造極。這些播音的設備，在古代亦有之。例如許多野蠻人把骨頭鑿空，遇有急變時，發出聲音以召集援者，可以說一種藉以傳播消息的作用。至中古時代的烽火，作用亦如是。中國的烽火，危急時晝則舉煙夜則舉火；歐洲的烽火，則以所舉次數之多寡，表示事情之大小。迨後經過了不少的改良，遂變成今日電報之符號。烽火與電報，亦皆係用以傳布消息的方法。

最先期的報紙，完全以音韻表示新聞。後來漸改用紙質，便當得多，可藉文字作言語的記錄，及未來之參攷。在中國未有紙以前的新聞，俱用簡或用縑書就，是時已有『縣書』，日將重要的消息，在公共地方傳布，而所謂『致書』及『倚書』則係傳送新聞與人閱讀的。我們於此就可知新聞此時已入公布時期了。

報紙存在的要緊條件，係公布，公布的意思，是將以前的傳布消息的私函變，成公信，消息完全公開，使大多數人知道。然而這時傳布工具的簡或縑，一則質量太重，一則價值甚昂，報紙因此遂不能普遍的傳布，和迅速的進步，到了有紙之後，質量輕而價賤，不及縑之貴及簡之重，於是報紙遂日益發達了。

人羣輻輳俗事紛繁之中，因借重文字之故，報紙才能發達。譬如一國的領袖，一人之行動言語，往往影響及全國人民。所以一方面無數人民注意他個人的行動，另一方面他又宣佈自己的行政方針，俾人民知所適從，爲求一己意志之發表起見，官報遂應運而生。各方諸侯駐居京都的代表，又常轉傳天子一切命令，大事，於是繼官報之後的，又有邸報的出現。歐洲最早的公報，爲羅馬全盛時期，所貼於公衆地方的 Acta Diarna 報；我國的官報，發行爲期甚早。

秦朝首統一中國全部，惜爲期甚暫。到了漢朝，疆域益大，西及西域，東及朝鮮，南至兩粵，北至匈奴，漢因幅員廣大之故，不得不刊行一種傳佈朝廷大事要政之官報。同時駐京各地諸侯，亦設邸府京師，溝通朝廷消息，遂生邸報。這時用消息刻在石膏上，然後才用紙張印出，故發行甚緩。

最初時的邸報，將朝廷消息，完全抄錄，後改抄重要一段，最後又任意增刪，於是官報除了邸報之外，又分出一大支派，而成民報。

官報
- 邸報
- 民報

無論何人，求知的慾望很高，是與生俱來的習慣，他們目覩官報不能滿足他們的需求，不得不加進社會材料。蓋當國家昇平時，邦國大事，爲數無多，加進生動活潑的社會記事，亦可引起讀者的興趣。到了最後，民報的勢力大盛，起始只用客觀方法去記錄官報，後來改用主觀見解去分官報，民報內容，益見豐富。民報後分兩支，一爲社會，一屬商業。

官報
- 邸報
- 民報
  - 社會
  - 商業

當時馬民斯等處俱爲交通便利商賈萃集之巨埠，就有些人專以報告『商情』爲業，刊行專以傳布商業消息之報紙，稱爲Gazette，給以相當代價，就有報紙可閱，其性質又變爲：

- 官報
  - 郵報
  - 民報
    - 社會
    - 商業
      - 預定
      - 買賣

這個時候，人們大都注意政治新聞。但政治新聞，常常沒有什麼精彩可言，眼前變亂如麻的中國之政治新聞，則甚惹動讀者的留意；若在國家昇平時，恰恰相反。如在行議會制的外國，議會閉幕或重大問題解決後，關於政治新聞，亦沒有什麼趣味。於是政治消息之外，又將文藝及運動等加進去，報紙內容，益形繁複。

最初辦報的人，不喜歡將報紙作爲營業，看報的人，爲數又不多，故須有私人供給金錢，方能支持。但凡以巨量金錢供給報紙者，必含有政治的意味在其中，因而發生政黨報紙。專門替一黨鼓吹宣傳，以冀握到政權。假如政權已經得到，或局面改變時，又往往將報紙摒棄不問，直到選舉失敗時，又重行借重報紙。最顯明的現象，如當英國大選時，全國各地，刊行報紙，爲數甚多，大概多議論而少新聞，到了大選結果，此類報紙，遂歸烏有。所以有人想報紙之朝聯絡甲政黨，夕聯絡乙政黨，太覺勉强，終非長久之計，故漸由政黨報紙，演進爲商業化的報紙了。初時想將報紙宣布意見之餘，另尋維持報紙生命的經濟力，後來末一種日益發達，遂完全脫離政黨，而有獨立報紙和自由報紙之名。前者不受人們支配，後者不受人們干預，純粹商業化之報紙，於以變成有如下圖：

- 官報
  - 邸報
  - 民報
    - 社會
    - 商業
      - 預定
      - 買賣
      - ……因經濟不能維持，演成政黨
- 報紙
  - 自由報紙
  - 獨立報紙
  - 商業化之報紙

商業化之報紙，只知賺錢，不問其他，對於國家應盡的義務，觀念至爲淡泊。最近上海各大報，便是一例。有許多人說：政黨報紙的言論與新聞，俱有偏於一方之嫌，而商業化的報紙，其目的專在營利，兩皆不佳。就有人主張聯合許多專以辦報爲目的的人，自己發行報紙，然而此議固善，但經濟力常不充裕，致消息太少，內容簡陋，且此類辦報人們，各執一見，遠不如商業化之報紙，沒有什麼了不得之脾氣的可言。因此阻礙叢生，此種裨益甚溥之舉，遂不克及早實現。

現在的報紙已達到商業化的最高點，與現代的資本主義，發達到最高點，恰成爲一平行線。商業化的報紙，第一要廣告多，第二要費用少。其中的第一項決不成問題，第二項因須購置巨機器，以省人工的靡費，非有多量資本不能辦。因爲如此，就有人集合許多報館，組成托拉斯，除報紙營業以外，還能供給社會上人們一切日用材料，以爲副業。故現在的報館日進於精密化之境界了。

我記憶起當旅行歐美時，在德國參觀一大報館，印刷所大於上海寶山路的商務印書館總工廠，館中用飛機運輸報紙，甚快而便。此外還有一間大報館，名叫『斯登那』自備有火車，輪船，飛機，資本的力量，可謂宏大達於極點。報紙已步入資本化的時期中，欲望其代表民衆說話，談何容易，從前報紙脫離政黨的支配以後，能夠發表比較公正的評論。若照現在資本化下的報紙情況，苟有大資本家希圖參加政治活動，力量必比以前的政黨領袖，來得加倍利害。

眼前的資本主義，行將淪於崩潰之域，代替而興起者爲團體化，報紙亦不能例外。蘇俄係打倒資本主義的國家，所以不准私人辦報，只准團體辦報。舉凡市民，農人等協會，俱可刊行報紙。這類報紙，雖未能完全代表公共的輿論，但能代表一部分的利益，——如農人協會報紙，代表農人利益等便是——比較商業化資本化的報紙，已好得多了。蘇俄除各團體所發行的報紙外，另有政府的機關報，完全替政府說話。

究竟報紙到什麼時候，才適合我們的需要，和真正代表輿論呢？這個問題，確實很難圓滿答覆。例如民主政治精神豐富的國家，一省有代表一省的報紙，一縣有代表一縣的報紙，報紙的言論新聞，隨所代表的勢力而異，欲求一完全適合我們的報紙，的確不易。

我們現在生存在社會上，日常不可須臾或離的要件，除水，火，食料，空氣外，就允推報紙了。我們皆係組成社會的細胞，對於報紙之重要，千萬不可忽視。自來水和電燈，現已逐漸收歸公有，報紙所登載之利害輕重，可以轉移民衆的觀聽，一如自來水內含不適宜於飲料的成分，則全體人民，個個有中毒的危險，報紙亦然。故報紙收歸公有，確爲刻不容緩之舉。

爲維持社會公共秩序之故，才有立法，行政，司法三權分立執行。我們既爲社會之一份子，故必須遵守法律。如我們乘車在馬路行走的時候，緣燈表示推動、紅燈表示停止，我們苟可任意亂走，不顧一切，則社會秩序，決不能維持。故法律是引人討厭的事，但爲維持社會之公共秩序起見，不能不如此遵守，個人如是，報紙又何獨不然。

大凡一個主筆的權力，比一個採訪員的權力大得多。故主筆等報館主要人物，須由社會公推頂優秀的法律家，新聞家出來主持。還有人說：報紙仍恐由他們所操縱與把持，言論與新聞，仍不免有偏袒之弊。但是這很難免的，不過比較資本化下的報紙已公正得多了。

一間報館所刊行的報紙最要緊的，首推新聞。新聞如用科學的方法去整理，成績定有可觀。不過這種設備，到什麼時候才能實現，還是一個問題。現在報紙最關重要的改進，就是將報紙由私人的機關，變爲公共的機關，實行報紙的公有化。我相信在不久之將來，公意能夠表現，智識能夠普及，司法能夠獨立。則報紙的公有化，終有實現的一天。

總之報紙之進化，與社會人士的程度，很有密切的關係。『言論自由』一語，人人口頭上充分歡迎，然無論什麼人斷不歡迎別人講他的壞話，亦可以說人人心頭上呈現不歡迎的。所以社會中各人的成見，很難消滅，言論自由的實現，須在大家有了修養工夫，智識普及，和人格高尚之後，雖以文明稱於世的歐美，亦未能完全實現言論自由的。

言論自由從嚴格上說，既未能實現，所以我們到社會中辦報，第一要件，便不能不依照潮流，以迎合社會的羣衆心理，尤不能不澈底明白報紙進化的情況。

中國的報紙，現在已達到商業化的境域，資本化亦將形成，想不久定可變爲團體化。但公有化的實現期，仍是遙遙無涯的。

根據上述，我們就可以曉得，自有人類以迄於現代的報紙之進化，及未來的狀態，可以列表如左：

官報
- 邸報
- 民報
  - 社會
  - 商業
    - 預定
    - 買賣……因經濟不能維持，演成政黨報紙
      - 自由報紙
      - 獨立報紙

……商業化之報紙……資本化之報紙……團體化之報紙……公有化之報紙

——此係戈公振先生在復旦大學新聞學講座之演講，由杜紹文君筆記。

報紙的評論

潘公弼

新聞紙（Newspaper）是專以報告新聞爲目的，爲什麼一定需要評論，而評論在報紙上又占重要的地位？發表社會中一人或數人的意見，載之報紙上爲什麼就稱爲評論？假使利用別的機會，印成書本或隨便談談，爲什麼便不稱之爲評論？這些問題，都是值得我們研究的。論文、講演、議論及小册子等等，與評論不同之點，在於報紙的新聞，爲社會的反映，評論的性質，因亦與論文等有異。有許多人說：報紙係社會的縮影，這樣一來，將複雜錯綜的社會情況，歸納在很簡單的數張報紙中，報紙恍如一明鏡，整個的社會恰如一臉孔，臉孔的美醜，終逃不出明鏡的反照，我們欲看社會的『廬山真面目』就不得不閱及報紙。但是這種見解，有時亦靠不住。假如報紙是不忠實的，所反映出來的社會，與真的社會，完全兩樣。新聞如是，評論亦何獨不然。

報紙的評論，是公眾的輿論，是人民的喉舌，是民眾的指導者與代表者，所謂輿論者，並不是指隨便有什麼文字在報紙發表便算，做評論者，在評論的本質，應有充分的了解。報紙精神的表現，全寄之於評論，故評論的好壞，和報紙銷路的多寡，其關係至爲密切。從前中國古代有畫龍點睛的傳說，而謂不予點睛便不能破壁飛去，報紙之於評論亦若是焉。又如人之美醜，可從其衣飾上看出來，同樣，報紙之好壞，亦可從其評論中看出來。故評論在報紙所占的位置，簡直似人的嘴巴和眼睛。

我們知道，報紙是社會的公器，用什麼方法使其眼與嘴所寄的評論普及民眾呢？據我的見解，人們的意見，若在報紙上發表，便算輿論，輿論若只注重及自己的主張，難免發生評論的評論；我們須充分明瞭報紙與民眾相互間的關係，報紙的新聞，是要給他們看的，報紙的評論是替他們說的。簡言之：前者係抱主觀，後者係抱客觀。評論是否能夠健全，全視是否持客觀的見解。因爲評論的任務，是代表民衆說話，不是幾個編輯先生的意見，須觀察民衆的意見，故評論有代表輿論之稱。現代社會的人羣至複雜，智識職業等等，在在參差不齊，報紙是以專家的態度和意見，貢獻材料於那項問題沒有深切研究的民衆們。所以報紙的評論，又有許多人目之爲社會的指導者。所謂指導係比代表高一點，故撰著評論之人，智識一定欲較普通民衆高些，當民衆走錯路時，評論就可指導他們。另一方面他們眞確的意見，亦寄諸評論，故我們又常常在評論上，看出忠實的民意。

評論在政治上很重要，自有政治史以來，許多文明的國家，政治進展的步驟，先由帝王支配的帝王政治，次由代表民衆之議會支配的議會政治，再次就是代表民衆說話之輿論支配的輿論政治。但我們決不可自負太高，而有取議會政治而代之之意。不過輿論係代表民衆的，故民衆的力量，即係輿論的力量。中國古代有『清議』二字，歷見之於史册，因爲那時沒有報紙，清議即是現代的輿論，當時一般士大夫很怕清議，不得不潔身自愛，這就是輿論力量的表現。最近如日本田中義一內閣的塌台，亦是輿論力量表現的一個顯例。本來田中一派在議會中佔多數，地位甚固，但因皇姑屯事件，被全國輿論交相責難，田中在輿論攻擊之下，就不得不辭職下台。這個事實，使我們知道現代的議會政治，已經進步到輿論政治了，議會政治，是用票數的多寡來表現，可以預測的；輿論政治是代表民意，有質而無量，其所表現的力量，我們不能用尺寸去計算的。

照這樣看起來，中國非無評論，亦非無良好的評論，但中國爲什麽不能由帝王政治進步至議會政治，其故安在？若欲明白此中原因，我們不得不探求有力量的輿論之三個要素：

1.輿論自身之健全——輿論的性質，是根據『智識』由『文字』去表現發揮。卑鄙的人們，往往不能拋棄自己的主張，服從公理。故做評論的人們，須智識文字兩方面，俱完備無缺，此外還須他爲評論而做評論之外，沒有其他的慾望，雜乎其中。因爲不如此，做評論的人，便可代表他自己私人的利益與私有的組織，幷希望得到充分的理由而去撰述評論，輿論的動機一不純潔，定乏良好的效果故輿論自身的健全，爲輿論的第一要點。

2. 政府有尊重輿論之意識——以前十幾年的共和政府，可以說沒有一個使我們滿意。因爲從事於政治的達官顯貴們，他們非爲謀國民的福利而去任職，而是爲他們個人的職業去浮沉官海，叫他們有尊重輿論的意識，定不可能。輿論除本身健全及政府有尊重輿論意識外，須民衆有判斷的智識，輿論才有偉大的力量。

3. 民衆有判斷的智識——輿論健全的，一方面雖係自身問題，但一方面這個問題，又繫于民衆是否有判斷輿論的智識上面。政府中的官吏，慾望很多，爲己黨的主義而去奪取政權，爲鞏定的政策而去保持政權。主義與政權，公私之判甚明。因此，假使他們能尊重輿論，然民衆沒有判斷輿論的智識，使健全的和不健全的輿論，同時存在于社會中間，政府就可利用有益於自己方面的輿論，藉詞壓制對方的輿論，有時民衆真正的意見，反被蒙蔽。所以輿論須上列三種要素全數具備後，才有驚人力量的表現的。

中國的輿論，爲什麼沒有力量可以監督政府指導民衆？我們觀察了上述三點，便可馬上『思之過半』了。

近代發現評論很有力量的證據，是在歐戰以後。歐戰之前，私家報紙的銷路甚暢，各國各報的評論在各國所處的地位，與民衆的信仰，大有江河日下之勢。這些原因，由於辦報的動機不純潔。其中的最明顯者，第一爲專事報告無價值的新聞，第二爲發揮私人的牢騷。到了後來，報紙進步日速，民衆的智識日開，而一切機器，交通，日益發達。這樣一來，報紙就成爲現代化的報紙(Modern newspaper)發揮牢騷的私人報紙，一天消滅一天，經營須大資本，於是報館的主人，就將精神方面降低，用其嚴密注意力於營業方面只怕社會人士不歡迎，不惜將自己屬於精神方面的意見減少。藉以迎合讀者的意見，并竭力引動讀者的歡心。我們研究各國報紙發達的過程，大抵如斯，這可以算是自然的進化現象。

有人說：文化的演進日高，社會的人們，漸主張不需要評論的發刊，這類大概有四種見解：

1.從前智識未曾普及，故對於聞所未聞的某一事件，私人拿出意見，公諸大衆，互相推敲；現在民衆的智識，高出從前萬倍，這種供大家推敲的評論，在勢不能存在。

2.現在的民衆，只須報紙報告一個問題，自己能夠想出判斷關於這個問題的方法。故他們自己無賴報紙評論爲之帮助。

3.報紙的新聞記者，已不能做社會指導者、民衆無須跟着幾個記者跑，所謂代表輿論者，皆係騙人之談。

4.現在社會的人很忙，每次報紙到手，常先看標題，次新聞，最後才是評論；故看評論的，一定係有閒階級的老年人與少年人，和在社會中很有勢力的青年，完全毫無影響。

上述的論調，在歐戰時，發見了許多錯誤。當時各報館收到讀者的來函很多，要求報館對於軍事，有意見發表，貢獻給讀者參攷。於是廢止評論的話完全不攻負破。

中國的評論，現在尚未健全。最大原因，第一點因多數民衆，視代表輿論爲欺人論調；第二點則因報紙商業化之結果，使經營之人，不十分尊重報紙，一般評論的專家，著名的記者，報館主人，不願意盡量羅致，使事實的紀載與文字的表現，一落千丈。

我們欲講評論，須先知道外面反對評論的見解如何？評論爲何依然能夠存在？經過我們詳細觀察的結果，現在的評論，反對的自反對，但無論如何評論是有存在的必要的。

當握管開始做評論之前，應注意各點如下：

1. 態度

(a)以第三者自居——須抱第三者態度，不參加任何方面，超過他們兩方面利益的觀念和主觀的見解，始終不幫助任何方面說話。

(b)無我——報紙的新聞，不應當有『我』字評論尤爲重要。大凡什麼人，都是有意識的，有感情的，無我的意思，就是須將自己的情感除去淨盡，把自己的意識，融化爲民衆的意識。所以往往有所評論的與做評論的記者之意識相反，例如我以爲租界的收回，不過收回統治權而已，至環球各國，因商務發達的關係，各國國內，皆有外國人的羣居一地。上海的租界統治權收回之後，猶如美國舊金山的唐人街。所以收回租界云者，不過收回租界的統治權而已，但民衆方面，非澈底收回租界不可，故撰述評論，須主張澈底收回租界，完全泯滅個人的意見。

(c)積極的——現在的中國評論，趨向於消極者甚多。例如評論第一句爲『嗚呼』第二『噫嘻，』對國內政治上說話爲『亂日可怕矣，』對國際說話爲『國亡無日矣，』這句的評論，屬於頹廢派詩人的。無病呻吟，是完全不對的。假使我們拿這種精神，用些消極評論，一定沒有力量。但有病可以呻吟嗎？關於這一點，好像有病當然可以呻吟，但報紙是指導民衆的，中國民氣已這樣不振，即有病之呻吟亦應避去。不然，民氣之不振，恐無日復興了。故無病呻吟固不可，有病呻吟亦是不可的。

(d)尊重讀者——爲什麽要尊重讀者呢？因爲中國的評論記者，恆恃才傲物，目中無人。這些人目空一切，承認評論記者自己的意見，辦法與主張爲正確，不肯容納民衆的主張，結果每每僨事。『尊重讀者』與『無我』近似而實異，因『無我』是評論記者的本身，『讀者』則各色人等皆有的。

2. 文字——我們未做評論的本文之先，厥爲選擇題目。設題目爲『某報的評論』，這樣就發生一問題。究竟『的』字好呢？抑『之』字好呢？語體文抑文言文呢？然而這是很簡單的問題。文言文和語體文，各有好壞。但文章係一種綜合的表現，任何方面，決不可以自己的意見反對他人。在我個人的意見，評論記者，只須各寫其最適宜的文字表現出來，所謂文言，語體，形式雖不同，然實質則一。

評論的文字，有三種矛盾而實平行的表現。第一項係平實。因爲文字上的形式，固有種種巧妙，假使主評論者，每天花樣百出，賣弄自己的文才，就對不起讀者，故文字須以平實爲主。第二項係刺激。報紙的評論，假如沒有一些刺激，那一個人喜歡費了不少的時候去看呢？所以評論的第一句與第一段，須異常注意，使讀者讀完了第一句第一段之後，非讀第二句第二段不行，而今天看我所做的評論的人，明天一定欲看我的評論。第三項爲平民文字。我們曉得，報紙的文字，須成爲平民的文字，須爲平民而去做評論，須充滿平民的色彩，而爲平民所看得懂的。從前有許多評論記者，很喜歡引用孟子的話，只加「」符號。或寫明爲孟子曰。這些傾向，現在已不行。當民國初年，甲寅雜誌章士釗的評論，一篇中間，註解居其大半，這絕對不是報紙評論所應取的文字。故一篇評論裏面，加進了許多註解，使讀者莫明其妙；有時評論雖爲駢體文，然用典故太多，亦是不行的。

3.時間性——擇評論的題目，須有時間性。這個理由很簡單，因爲評論中所說的話，無非一種理由與見解，供給材料與讀者。評論如無時間性，則與教科書何異。譬如最近發生的金貴銀賤問題，當這問題未發生以前，評論記者，須將金貴銀賤的影響，告諸當局；這問題發生後。則須籌議如何救濟。似此問題雖同，但時間性則兩樣了。

評論是文章，是給讀者的意見與材料，所以須迎合讀者的嗜好既須迎合讀者的嗜好，則非含有時間性不可。如將現在的評論，擱至十年以後，還成什麼評論呢？

一篇評論，須擇合適的題目，評論全文，不可全是議論文，須至少拿二三段爲紀述事實之用。例如中國現在的政治，已到和平絕望戰機四伏的狀況，做評論的人，須依照事實，不可徒寫無裨於和平統一的議論文字。

4. 分量——評論的分量，可以分兩點說：

(a)評論中批評的範圍應定若何？

(b)批評的文字應有若干？

評論的文字良好的不在乎長，如選題立論妥適，數百言便可。評論分量的消化，須看讀者的口胃，消化多的給多，消化少的給少。所以評論須言中有物，分量固定，和分配勻稱。我們從編輯上視評論，過多過少，兩皆不可。至於評論所用的字體，須天天一樣。有人主張評論文字太多時，由大號字改排小號字，這亦是不行的。如謂太長的評論，把牠分截成兩三段，登載二三天可以麼？這亦是不行的。因報紙的評論，天天有獨立性，茍評論太長時，可以將牠分成數段，每段中可另立一適當的題目，再行評論之。例如一篇評論有五千字，起始一千字為提綱，中間三千字為評述，最後一千字為結論，故這一篇評論，大概可成為三篇，非割為三段之謂。我覺得賈誼的過秦論，全篇分得很清楚，把秦之興起，秦之隆盛，秦之衰亡等，劃成三篇，可以分開。故賈氏這一篇文章，很可作為評論的模範文字。至於評論裏面批評的範圍若何，各個評論記者，亦應有相當的規定。

評論具名問題，現在有反對與贊成二方面。主張評論須具名的，有四點理由如左：

(a)具名以後，可吸引一部分的讀者。(如具名為胡適可吸引喜歡胡氏一派的讀者。)

(b)若有具名，則每篇評論，報館具名者，各負有相當的責任，

(c)具名後之評論記者，往往愛惜報館招牌及個人招牌，評論可做出好一

點的文章。

(d)具名可以存在兩種不同之意見於評論中。

反對具名的理由，亦有四點如下：

(a)具名足以造成私人的地位，無益於報館本身。

(b)評論因具名，致有時候不能撰公然攻擊的議論。(如中國的招商局，內容腐敗，若與該局有多少關係的評論記者，就未敢公然署名撰抨擊的評論。)

(c)因不具名，使大家意見一致。造成報紙一貫的精神。

(d)使一般讀者，分散其注意力，移其信仰私人於信仰報館。

就我個人的意見，若有專家的評論，則須具名；其餘社論，則以不具名爲是。

評論的種類，大別可分四項：

1. 社評(社論)——代表報紙的言論，嚴正當的一篇整個文字。

2. 專論——請專家發表意見，很有價值於讀者的參攷。

3. 短評——對小的問題；發表議論。

4. 雜評——包括許多短評，一篇複體文字。

十九，三，廿八。

——此係潘公展先生在復旦大學新聞學講座之演講，由杜紹文君筆記。

編輯的藝術

傅紅蓼

這在悠遠的過去，社會文化還未曾有相當的發達時，一般人除了讀幾本古書外，對於所謂「新聞」這樣東西，簡直是沒有這種思想，而也沒有要求這種思想的一個衝動。及至時代的巨輪，在慢慢推進，人們爲了飽足自己知識的慾望，除了自己本身在環境上所應該享受的知識以外，對於外來的一切，也漸漸感覺到一種有互相切磋，各自交換的必要了；於是應着時代的產生，當時便有一種手抄筆記式的小冊子，出現在社會上。然而這種手抄筆記式的東西，除了說一些民間傳說的荒謬故事外，對於一般人所企望的，依然是不能滿足。在這種社會文化，蒸蒸有上升的狀況之下，可惜中國人却不能利用自己思想，來補足自己思想所切求的滿足；直至外國教士，發行一種宣傳宗教的手抄的傳單時，而我們還是不曉得想法子，來實現我們的希望！不過那時候民間爲了思想與時代的衝擊，時常在街頭巷尾，會發現一種謠言的白字條，不是爲了對於政度的攻擊，便是張三李四醜事的披露。這種白字條的發現，其實便也是一種「新聞」產生出來的伏根。

時代是在不息的演進，人們思想知識也跟着向前走，直到中歐通商上漸漸發達的時候，從歐州那方面傳來一種所謂「新聞紙，」於是我們才驚奇的發現了我們，一向所需要，而始終不曾想到的這樣東西。那時候便有感覺上較爲靈速的人們，集合起仿照歐洲的新聞紙，也產生出這樣一件東西，當時僅不過完全是一種言論式的東西，所謂新聞，離着萌芽期，尚還在悠遠的路途上。

在那時候的新聞紙，（姑爲名之）既然談不到一張報紙的「生命，」更談不到培植生命的「技巧」和「原質，」大家曉得把自己所想和所想說的給弄到一張紙上之後，已經是大功告成，別的一切，簡直是無暇及此，也無及此的可能。後來，由於辦報者的感覺，知道一張報紙不但是對於閱報的只得到一些新聞和言論，便算滿足，但一張報紙的樣式也很有影響到讀者的興趣問題，所以一方面在研究「內量」的充實，一方面對於樣式和內容編排的方法，也成了一種巨大的問題來，一直到最近的現在，編輯報紙的，大家運用着各個的腦筋都在競爭着編輯上的「清醒翻新」的工作，於是『編輯的藝術』也成爲一個報館和一張報紙的先決問題了。

在報館裏的編輯，和一本雜誌的編輯，顯然劃出他們不同的地方來。雜誌的編輯，先有一個長時間給他們運用思想上的修裁，惟其報紙，時間既匆促，而篇幅又有限，材料又複雜，同時更有廣告上的牽制，所以編輯的藝術問題，比較是格外困難。

世界上報紙編排的得法，差不多可以說是日本最努力而最有美術，其編輯藝術的高超，任何處都有些望塵莫及之態。編輯的工作，是一種等於「繅絲」的工人一樣，要從萬千無頭無緒之中，給理出一個頭來，而且不但僅僅是理出來之後，便算了結，還要在每個理好了的頭，想法子給他排在最簡便，最醒目，最容易引人的一張報紙上去。編輯的確是一種最麻煩而又最簡易的工作，尤其是報紙中的晚報。

當其由採訪部裏，交到一篇稿子時。編輯的首先的工作，便是修飾全篇稿子的簡繁，和使一篇新聞的內質，對於讀者的興趣及利益。繼着這種的工作，便是一篇新聞的標題。新聞是報紙上的靈魂，標題是每條新聞裏的靈魂，所以標題是又有許許多多的問題。

社會物質的發達，便引起『時間』經濟的重要，在報紙上，尤其得注意到讀報者的時間問題。所以對於標題，便越發得注意到這點，既要捉着全篇新聞裏的焦點，同時措字更要簡單引人，而又不能把「興趣」兩字忘掉了。一個新聞標題的整個意旨便是想便利讀者在極短時間裏能夠一目瞭然了全篇大部內容．而在標題裏，又須給與讀者一種興趣的引誘力量，標題是說明，是包括，是指示，標題含着無限的力量和意旨在。

但是標題裏還分着大標題，和小標題。同時更分着政治，軍事，國際社會等的不同。大標題，包括着全篇、小標題提領着每段裏的精華、意思要清晰，措字要潔淨有力，至於政治新聞的標題，則與軍事不同，更與國際社會各異，這裏頭便含着不能盡言的地方，差不多除非身受者，是不能悟會得到，總之，標題裏最要的意義是在簡短的篇幅上，極短的時間裏，使讀者能瞭然那整大篇內容的最要部份，而不能感到沒趣味，尤其在晚報裏是特別值得注意。

在標題的修飾構造成功之後，但是又不能不關顧排到白紙上去的時候，是否會生動引人。如其在標題上，覺得措字置句，都已感到滿意，而對於印到紙上時，却一條條的使讀者會感到枯燥沉悶的討厭，這也是一種缺點。其次，標題的長短問題，和字數的多寡，會否妨礙排字工作的進行，這也是編輯時必須顧到的一個問題。編輯不僅僅是要會一條條新聞的編過去，而且要對於全篇幅上的排式和設置，有一種相當的活潑的更調，使讀者映到眼簾裏，覺得新穎悅目，否則，一條條像陳列什麼物品似的，擠在紙張上，一翻開便對讀者給予一種厭惡的印象，形式上已經給予一種惡感，連帶要影響到新聞內質裏面來，所以編輯的藝術，已經成爲一種報紙的前提了。

科學進步得驚人，人的慾望也成了正比例，無論那一種事業，都是追隨着時代的進步在變動，何止於報紙爲然；報紙編輯的藝術，當然也愈深奧了。本報出版了一年，在一年中，對於編輯的藝術方面的努力，未敢稍落人後這在讀者已有一種相當的承認，這並不是引以爲榮，老實的是一種自己應當努力的地方，當然，我們不敢便以這樣爲已滿足，我們對於編輯的藝術，將希望此後，能再有更好的研究，貢獻給愛護本報的讀者之前。此篇之作，不過乘着本報一週年紀念的時候，略爲提出一些，本着個人從事的經驗，作誠實簡要的談片，藉使讀者略爲明瞭一個晚報裏編輯的困難，和本報一向的從事的方針罷了。作者在寫此稿時，爲了時間匆促，手邊沒有詳細參考書，所以不能作極詳細的舉例，要希望讀者的原諒！

——自大晚報一週年紀念號。文中所說的本報，即指大晚報。

報紙的實益主義

周孝庵

一　引言

報紙對於新聞，有兩種主義，一種是趣味主義；一種便是實益主義。美國報紙偏重趣味主義；而日本報紙則偏重實益主義。

趣味主義僅偏重於新聞中的『趣味成份』的多少，凡是趣味成份多的新聞，就認爲好新聞。實益主義則就不然，報紙登載新聞的標準，完全拿多數人的實際利益做標準，凡是一種新聞，有害於社會或國家的利益的，那就沒有登載的餘地。

但是，偏太偏重於趣味，而不顧實益，流弊很多！因爲趣味僅是『新聞價值』要件中的一種，似不能僅拿這一點來估定新聞價值的高低。換句話說，新聞的應否登載，同時應顧到趣味和實益兩方面；凡是有趣味而且對於社會國家並有實益的，才是一種最好的新聞！

吾國報紙於近幾年來，都狠注意趣味主義；但對於實益主義，却未免太疏忽了！因此吾特地提出這個問題，來和關心新聞事業的同志共同討論！

二 新聞上的實益主義

新聞的實益主義可分兩種，一種是廣義的（屬於社會或國家的利益；）一種是狹義的（屬於團體或個人。）

編輯者對於一條新聞，應同時考慮到四點：（一）新聞價值（趣味是其中之一；）（二）法律；（三）社會風化；（四）道德。說得簡明些，就是這條新聞，新聞價值高嗎？是否爲法律所容許？是否妨害社會風化？是否與道德有礙？假使一條新聞，極有新聞價值，但是易於觸犯法律的，就不應該登，登了以後報紙有受法律制裁的危險；即使不觸犯法律，而爲道德上或社會風化上着想所不應登的，也就不必登載。所以應該登的新聞，必須爲法律所許，道德所容，和社會風化無礙而有新聞價值的材料！

譬如：大華銀行總經理李蜜被沈新民控爲土豪劣紳，因而被拘，報紙上往往做着這一類的標題『土劣李蜜被捕，』其實是極大的錯誤！因爲李蜜的被控，究係實在，抑或虛誣，在未經審判之前，報紙斷不能貿然就把『土劣』加於李蜜，所以遇到這種情形，不如用『李蜜因被控土劣被捕』的標題，比較上妥當些，——標題的製作，應從客觀描寫，須避編輯者主觀的見解，報紙應以真實的事實爲根據，常立於第三者的地位。

除不妥當的標題以外，報告虛僞事實的新聞，也常常足以觸犯刑法，這里不再舉例了。

報紙注意到個人的利益（如李蜜一事，）就是狹義的實益主義。但是，倘使報紙過於注意到個人的利益，而常登與個人有利的宣傳新聞，也不是狹義的實益主義之真諦。

報紙固然應該注意狹義的實益主義，但廣義的實益主義，尤其重要，爲什麼？因爲一個人或數個人的實益，屬於局部；而社會或國家的實益，則屬於多數人！

廣義的實益主義，可以分幾方面來談談：

（甲）社會新聞　近年來，吾國各地報紙，頗注意社會新聞，但其中有關風化的新聞，却常充滿了報紙的篇幅。這恐怕是報紙只顧到『趣味，』而漠視社會的『實益』的緣故！現在舉出幾個實例在下面：

在任何國家裏，未嘗沒有强姦的事情發生：但任何國家裏的上等報紙，都不需要這類的新聞！因爲這種新聞，妨害社會的善良風俗，也且與社會風化有關！但在吾國報紙上。常常可以看到如下列的新聞：

禽獸行爲！

强姦幼女受傷

江灣路林肯坊看弄張阿福（清江人）三十六歲住該坊二六四號妻陳氏，生有兩女，長名小妹，九歲。有住林肯坊附近花園街第一弄一號之通州人馬阿福，二十四歲，向以拉車爲生，現則賦閒在家，因時往張處遊玩，故與小妹甚熟。昨晨九時許，張赴菜場購菜，陳氏則因次女病，挈赴醫生處求醫，留小妹在家看門，而張適又來遊玩，因見僅小妹在家，突起獸性，竟將小妹抱至床上，褫去衣袴，施行强姦。小妹年幼，不解人事，遂遭姦污。事後馬以言詞恫嚇，令勿訴知父母，旋即逸去，迨張返家，見小妹行路蹣跚，異而詢其故，不肯明言，旋見其袴上血跡斑斑，不禁大駭，乃察其私處，見極紅腫，遂一再嚴詰，小妹始將被姦情形和盤托出，當即報告五區公安局，派警馳往花園街，捕馬未獲，後將馬妻拘案，追究之下，始復將馬捕獲，但馬供詞猶狡猾，不認强姦，經該署將小妹送醫院驗明，處女膜已損傷，確被姦過，馬始俯首無詞，游區長以强姦幼女，案情重大，即着解送公安局轉送法院訊辦。

試觀其中『突起獸性，竟將小妹抱至床上，褫去衣袴，』『小妹年幼，不解人事，遂遭姦污，』『見小妹行路蹣跚，』『見其袴上血迹斑斑，』『乃察其私處，見極紅腫，』『處女膜已損傷，確被姦過』幾句，描寫得何等淋漓盡致！但新聞當中，有的果然應該描寫得淋漓盡致，有的卻不必如此。强姦新聞就是『不必如此』中的一種！編輯者對於這種新聞，應毅然決然的廢棄，至少亦應改如下式：

『有住居閘北江灣路林肯坊附近花園街第一弄一號之通州人馬阿福，二十四歲，向以拉車爲生，昨晨九時許，至林肯坊二六四號張阿福家，竟將張之長女（名小妹，年九歲）强姦，現馬阿福已被拘送地方法院訊辦。』

照原則上說，强姦新聞應當割棄，其理由：（一）美前總統哈定創辦星報時，自定一規律，即『所登新聞，勿傷兒童之天真。』美國報紙雖偏重趣味主義，而他們的一等報紙常對訪員預約：『不需强姦，墮胎，或猥褻之事件。』蓋報紙的讀者，男女老幼都有，此種新聞，兒童讀後，必在腦海中留一個深切的惡印像；即使青年人，血氣方剛，見了這種描寫過份的『肉感』新聞，也不免受他影響，而有促其犯這一類罪的可能！（二）況且，報紙是以灌輸文化，並供給人類日常生活中所必需明瞭的事實或常識爲要件，强姦新聞徒然沾污了報紙上寶貴純潔的篇幅，却非人類日常生活中所必需的知識！與文化相去更遠！（三）再退一步說，被姦的女子（不限於幼女），社會往往加以輕視，影響到伊的名譽。所以即使與社會風化無關，（廣義的實益）而報紙爲着道德上着想（狹義的實益），也不能登出，恐一般人對伊的人格上懷疑，而影響伊在社會上的地位！（四）報紙站在民衆的前面，所代表的是民衆的利益，所應特別注意的也就是民衆的利益，有時固須迎合社會心理，擴充他的銷路，但不正當的社會心理，却是有害無益，絕對不能迎合的！

除了强姦新聞一類的新聞以外，有時看見報上登出記得太猥褻的新聞，其無聊與强姦新聞同。如下例：

新郎下體異常人

腎囊特別大

認爲無缺點

住居滬西曹家渡和豐里一百五十五號安徽人龔海清之子正宣，曾娶妻生二子，其妻旋與人姘識而逃。因是離異，龔内顧乏人，急欲聘一續弦，由同鄉人彭道餘爲之作伐，謂有同鄉人費祥發之寡弟婦潘氏現年二十二歲，其夫費祥泰死方二月，現欲再醮，議定財禮一百四十元，遂於舊歷九月初九晚過門，洞房之夜，新娘終夜嬌啼，翌日喚媒人到家，大加詰責，謂龔正宣之下部並無龜頭，豈非剝奪終身幸福，媒人無法，遂謂口説無憑，應俟檢驗，因即在通商旅館開房間邀同費祥發及潘氏並龔正宣脱袴檢驗，則龔正宣之腎囊特大，如兩只飯碗相合一般，並非並無龜頭，不過因腎囊特大之故，以致將龜頭隱藏在腎囊中間，媒人驗畢，認爲尚無缺點，但該氏終不願，乘間逃去，龔正宣懊喪歸家，告知其父，當以若輩明明串放白鴿，乃於前日扭費祥發彭道餘至六區警署控告，並令子解袴請求檢驗，求判將被告押候交到潘氏，昨日一併解送地方法院訊辦。

新聞中的内容，何等的令人作嘔！其他像捉姦雞姦的新聞，舉不勝舉。這固然不能說報紙提倡强姦，但他並不顧到報紙的實益主義，卻是一種事實！

（乙）政治新聞　人是政治的動物，任何人不能免國家政治環境的支配，所以政治新聞對於一般人，尤其有密切的利害關係，紙報於此，也尤應注意到一般人的實益！譬如：（一）英兵侵入西藏，是吾國何等的一件重大事體，報紙應如何的表而出之，登於極顯明的地位，以喚起民衆的注意。真可惜，有幾家報紙所登的，是極小的字，極後的地位，有的併新聞而無之！（二）日本年來努力侵略滿洲，在吾國境之內，建鐵路，設崗警，築炮台，立郵局，干涉司法，操縱金融，竟然『旁若無人』的侵害吾的主權，吾國報紙是代表吾國全民族的利益的，對於此種事件，當然要大聲疾呼。真可惜，『大聲疾呼』的還是少數，其餘尚存『越人視秦人之肥瘠』的態度！（三）像重要官職的更動死亡，報紙應滿足一般人的需求，同時把略歷照片刊出來。又如近日漢口消息，老河口形勢緊張，戰事將作，但民衆對於老河口，熟知的究居少數，所以報紙應把老河口的地勢，和電報同時登出來，以便利讀者，所以報館於採訪編輯之外，還須有充分的準備工作，（四）市政上的新設施，和市民最有關係，譬如：東區新設一郵局，西區添造一菜場，中區添闢一馬路，以及市中心區域的確定，租界電話的正謀改良，工部局的計劃車輛單行辦法等等，最關民衆的實際利益，此種新聞始有詳記的價值，並且始有『描寫得淋漓盡致』的必要！

（丙）國際新聞　中國報紙中有一個最大而普遍的毛病，就是太漠視了國際新聞！這未免不合現代潮流！（一）去年日俄訂一種密約，專爲分配滿蒙權利，事旣外洩，上海的英美報紙都很顯明的登出來，而吾國報紙則對此與吾存亡相關的事件，反祇有『語馬不詳』和『輕描淡寫』的記載！（二）華僑在國外遭受虐待及驅逐出境的事件，吾國報紙往往不很注意，致流離失所之僑胞，呼籲無門，坐以待斃，而外國政府益無顧忌！（三）此次五强海軍會議，歐美日本等國報紙大書特書，吾國報紙則較遜色，其實這次海軍會議，與吾有密切關係，因各國海上爭霸，以東亞大陸爲對象。（四）以上僅舉與吾有關的國際事件，其他與吾無關而處在現代的國際潮流中所不容忽視的，如蘇俄決定實行五年實業計劃，以代新經濟政策；如蘇俄土地的公有；蘇俄新共產政策；南極發見新陸地；菲律賓印度安南朝鮮的獨立運動等等都是幾月來新發生的事實·報紙有特別注意的必要。

三　廣告上的實益主義

廣告是事業之鑰，(Key to business) 一切事業，太半須依賴廣告，才得發展，故一九二九年八月柏林市世界廣告會議有一德文標語，爲『廣告爲鑰啓世界鴻運之門』(Reklame Der Schhussei Zum Wohist and Der Weit)。世界上以廣告致富的極多，像十九世紀美國人馬戲團主勃納(J.P.Barnum)；橡皮糖大王美國人湯姆(Tom Wrighiey)；美國汽車大王福特(Henry Ford)；奧國維也納女子愛娜(Anna Csillag)等等，莫不藉廣告之力，獲利極厚。廣告効力的偉大，於此可見一斑的了！

一般人靠着廣告去獲利，而報紙也依賴廣告來生存。所以新聞學者常說：『廣告是報紙的血液』。

因爲彼此相依相賴的環境，所以廣告家常鈎心鬥角，專心致志於千變萬化的廣告術；而報紙也常千方百計的去兜攬廣告，藉謀營業上的進展！

惟其有這種的需求，有種商家常製作虛僞或言過其實的廣告，即以吾國而言；（一）往往有種騙子，假托公司名義，在報上招考職員，徵收應考人的押櫃或保證金。待款既到手，所謂公司也者，早已閉門大吉，而招考之期，不知何日才能實現？應考人因受騙而自殺，或致雙方涉訟的，紀不勝紀。（二）某洋行的生殖精，美其名曰滋補極品，其實是一種春藥，却常在各報大登廣告，獲到不少造孽錢，幸現已被當局發覺，禁止發售及再登廣告了。廣告固然不完全含有欺詐性質，但報紙却不可不注意社會的實際利益，而加以嚴密的審查，和自動的取締。

一九二四年倫敦市世界廣告會議，有一個標語．爲『真實的廣告』（Truth in advertising），其意即指廣告須真實，社會不需要虛僞的廣告。

廣告須求真實，確是報紙實行實益主義的一種，並且是報紙進步的一個特徵。即如歐美日本的報紙，近年來特別注意於廣告，不收欺詐性質的廣告。吾國報紙也應急起直追，將此種不良廣告驅逐於報紙之外。

但如何實現上面所說的計劃，確是一個難題，下列幾個辦法，不妨逐步的『

促其實現！』

（一）凡是不著名公司之招考職員，完全拒絕，即須登載，至少應派人實地調查，令其覓一般實鋪保。

（二）拒絕誨淫的廣告（如誨淫的小說及春藥花柳病藥等，）遇到此種廣告，須調閱此書的內容，並請醫生檢驗藥品，認爲可靠，然後登載。

（三）拒絕攻訐私人的廣告，倘送登者確有證據提出，也須囑其覓一般實鋪保，或竟不登。

（四）刪除廣告中言過其實的宣傳文字。例如，歐洲諸邦的廣告文字，以前喜用極端的形容詞，如『最佳』『最廉』等等；但現在則『最』字的廣告用語，已漸少用，而改爲『甚佳』『甚廉』了。

（五）照歐美報紙的成法。聘請律師，審查廣告中有關法律的文句或事實，並注意『此條廣告登出後，是否有觸犯法律的危險。』此點，上海報紙已有少數實行了。

（六）按時注意別種不真實的廣告，並檢查商店新出食品或其他物品的是否名副其實。

報紙倘能隨時留意民衆的實益，而審查廣告的內容和出品的質料，則民衆自然可以信仰廣告而減少不少流弊！

四　結論

報紙固然以「代表輿論，監督政府，發揚文化」爲職志，但另一方面也須顧到民衆的實際利益；新聞固以「趣味」爲前提，但仍以不違反「實益」爲原則。

單講新聞的文字方面，亟須提倡通俗化，因爲貴族化的古典或富麗文字，不容易使平民領略。譬如說：「年方而立」不如改爲「年方三十」；「怙恃早喪」不如改爲「父母早喪」；「性喜麴蘗」不如改爲「性喜飲酒」；「常與友作樗蒲戲（或牧豬奴戲）」不知改爲「常與友賭博」；「早與波臣爲伍，屍未發見」不如改爲「早已溺斃，屍未發見」——其他不勝例舉。新聞與小說及文藝作品不同，所以新聞中的文字應力求淺易通俗，以便利未受高深教育的人們的閱讀。

其次，講到社會新聞。吾不是反對社會新聞的存生；但社會新聞中的强姦等，有傷風化的新聞，却應舉行一次『清潔運動！』掃除了這類新聞以後，社會新聞的材料還很多，正待去開闢。譬如：（一）隨時增加些合時的照片——人物或風景——以增進人們藝術的興趣；（二）供給讀者所應知的常識，如腦膜炎盛行時，一面登這一類的新聞，一面去訪問著名的醫生，把防禦及急救的方法登出來；（三）一到冬天，居民因不善處置煤爐中煤毒而死的，日必數起，報紙應登於較顯明的地位，並揭布防禦及救急的方法；（四）去年，南市有建築小菜場的計劃，報紙都不很重視，其實小菜場和住户日常最有關係，應把他的地點，經費，計劃等詳細披露；（五）去年上海法租界蒲石路東段二百六十五號有一十六層之新建築，在上海可算是一個『最高記錄』，在開工時，應先把建築經費，所占地畝，用途，工程，主人等等詳細調查，等到落成的時候，應把房屋攝一照片，製版登出，並實地參觀他的內容，以報告此最大建築的真相於讀者；（六）公共租界工部局有一次發表關於巡捕檢查行人時所應知的事項，此種新聞和市民有切身關係，值得特別注意。有一次，有一行人，遇着巡捕檢查，不即停步，不把雙手舉起，依然向前行走，巡捕恐係匪類，遂開鎗將其擊斃，枉送一命。翌日，有幾家報紙做着『遇巡捕檢查，未舉手停步』等小標題，倘漠然視之，豈非憾事？（七）其他關於社會新聞中應開闢的來源很多，隨時看環境而決定他的方針。

其次，報紙是一個公共機關，除登正確的新聞以外，更有『爲民喉舌』評述時事的責任。可是，各報只有自己所做的『社評』而對於民衆的意見，頗少發表的機會！今後似宜仿照西報的辦法，擴大『來函』一欄（如時事新報所闢的『致時事新報函』）除讀者更正的信以外，並容納他們申述意見或評述時事，除非違犯法律的文件，一律公開，予以刊布。這也是報紙顧到民衆『實益』的一端。

又其次，報紙對於國際新聞應特闢較多的地位，來盡量登載國際時事，因爲倘只注意國內，而漠視國外及邊疆（如滿蒙西藏）報紙有虧職責尚小，而影響到國家及民衆的實大。

總之，編輯者好像自來水公司的濾水池，水中包含各種質料，——有毒的，有清的，有濁的，——須經過濾水池，加了一種消毒工作，然後毒的濁的變成了好的水料，人民始可飲而無害！新聞像水一樣，編輯者也得加一種消毒工作，去渣滓，存精華，始可無害於讀者，而爲讀者日常所必需的東西！美前總統威爾遜說，『新聞是國民的食料，』試問有毒的食料，不致危害國民的生命嗎？

依據現在吾國報紙的情形，實有提倡實益主義的必要！

十九年，四月，二十五，於時事新報編輯室。

從襄助民治訓練良好公民談到中國的新聞紙

程天放

新聞事業有些甚麼重大的社會效用呢？

蒲徠斯在他所著現代民治政體裏面說：『現代面積廣大的國家之所以能夠實行民治政體是全靠新聞紙的力量。上古的政治學者以爲自治的團體決不能超過言語可達的人數……但是近百年來新聞事業的發達已能使重要的消息和公開的討論都可在廣大的國境內傳播了……所以，一切辯論，一切求訴於國民的意見，都可同時同樣的在全國人民心理上發生一種影響，和上古全民議會中的口頭演說幾乎能有一樣的效力……』

新聞紙之能利民治政體的推行是顯然的，然而新聞紙的功用決不止於此，新聞紙還有最大的功用。蒲徠斯在同書裏面又說：『新聞事業在建設民治制度的歷史上是很有功績的，當民治主義和君主政體及貴族政體相搏戰的時候，新聞紙實在是民治方面之一最强悍的勁旅，他把一切壓制的事實，和腐敗的黑幕都暴露出來；非難那專制的行政官吏，指摘他們自私的謬誤的政策；援助愛自由的朋友引起民衆的覺悟，他又能包容並凝聚輿論的勢力，所以能夠得到人民的信仰和同情，假使沒有新聞紙，那人民的公意，恐怕就不能這樣容易打破政府的武力……』

新聞紙不僅是革命運動中的友軍，是推翻舊勢力之最有力的武器，在文化落後政治剛上軌道的新國家中，他尤其負有極重大的責任。因爲『他是一指導者告誡者，是想造成輿論，左右公衆的動作，』而這種國家的民智不開，人民一方面缺乏政治的興趣，同時缺乏政治的知識，刺激興趣灌輸知識，新聞紙本身就是最方便最良好的教育工具了。

新聞紙固然有許多效用，但是誰也不能否認「指導人民」爲其主要的功能；在中國固然從各方面的觀察點感覺新聞紙的需要，但是誰也不能否認「襄助民治．訓練良好公民」爲我們需要新聞紙的主要原因。

但是事實怎麼樣呢？中國的新聞紙滿足了我們的原始要求沒有呢？

戈公振君在他所著中國報學史裏，曾把中國報紙的發展分爲四個時期：第一期，爲官報獨占時期；第二期，爲外報創始時期；第三期，爲民報勃興時期；第四期，爲報紙營業時期，總論這四期的情形，在第一期裏，因儒家數千年來的傳統思想以『民可使由，不可使知』爲執政祕訣，所以當時所謂報紙，只是些官報邸抄，記載政府的命令，官場的升降，至於機要大事，則付缺如。一般人民不敢過問，更不敢筆之於書播之於衆的。在第二個時期裏，——由鴉片戰爭以及戊戌政變——人民雖然辦有報紙，然而其『形式既不脫窠臼，其發行亦多假名外人。』最近五十年之中國云：『彼時報紙所摭拾，大率里巷瑣聞，無關宏旨，國家大政事大計劃，微論無從探訪，即得之亦不敢形諸筆墨，故報紙質料，大半模糊而瑣細，核其門目，約分數端：一爲諭旨，奏摺，宮門抄，轅門抄等，備官場中人瀏覽，藉知升遷降調等情形與送往迎來之事迹，蓋宦海之珍聞也；一爲各省各埠瑣錄，如試場文字，書院題目，與夫命盜災異，以及談狐說鬼等，備普通社會閱之，藉爲酒後茶餘之談助，蓋稗官之別派也；一爲詩詞，彼唱此和，喋喋不休，或描寫豔情，或流連景物，至矜風雅，高踞詞壇，無量數斗方名士，咸以姓名得綴報尾爲榮，累牘連篇，閱者生厭，蓋詩社之變相也；此外如商家市價，輪船行期，戲館劇目等等，皆屬於廣告性質，藉一般人士檢查，是又游客之指南針，旅人之消遣品也。要而言之，其時開報館者，惟以牟利爲目標；任筆政者惟以省事爲要訣。而其總原因，由於全國上下皆無政治思想，無世界眼光，以爲報紙不過洋商一種營業，與吾儕初無若何之關係……』這段話可謂形容盡致了！

從歷史的回溯，中國報紙有助於民治主義的發展，要算是在第三期裏，當時因國勢阽危，政治腐敗，在野的先知先覺，不得不藉報紙以發抒他們的意見，因爲他們的憂傷之情，自然流露於字裏行間，所以感人最深，發生影響也最速。戈氏謂當時可得而稱者『一爲報紙以捐款而創辦，非以謀利爲目的；一爲報紙有鮮明之主張，能聚精會神以赴之，」這兩點確是當時報紙的特色，辛亥革命的成功，西洋文化的輸入，得他們的助益不少，我們不得不認爲是中國新聞事業的一頁光榮史。

中國新聞事業雖然有了這樣一段光榮歷史，然而這樣光榮，祇算是曇花的一現，到了現在，中國的新聞紙，可以說是「每況愈下」，撫近追昔，我們實不能不感慨繫之！

目前中國的報紙，除了取材編輯等等問題，有許多尚待商榷以外，其最大的缺點——也可以說是他喪失報紙真價值和致命傷——至少有二：一就是報紙消極的放棄了指導民衆的責任，二就是報紙積極的製造了不少的社會罪惡。

誰都知道中國人民向來祇有個人的觀念，家族的觀念，而不知所謂國家所謂社會，「各人自掃門前雪，莫管他家瓦上霜，」這句話把這種精神表露無餘。今日我們要建立一個新的民治國家，要訓練人民行使政權，喚起這廣大的死氣沈沈的民衆，使之認識國際環境，注意國內政治，關心社會問題，而同時有冷靜的腦筋，有科學的素養，不待說這是當前的迫切要務，而一大部份的責任，自然是要新聞紙擔負起來。可是現在我們的新聞紙是怎樣呢？

樊仲雲君在那論上海報紙的改造一篇文裏說：『上海的報紙，有幾種是沒有時評的，有些則把我國的格言或成語，咬文嚼字的播弄一番……還有則隨手拈題，用八股式的起承轉合，發揮一陣，沒有內容，沒有意義，總括的說句，上海報紙根本沒有鮮明的表示其主張的評論，我這才知道所謂「議論公正」者，原來便是「置而不論」。

『由這「不論主義，」於是要想上海報紙代表時代思想對封建勢力抗爭，對帝國主義表示反抗，根本只是夢想，並且結果還是擁護封建勢力爲帝國主義作宣傳的……』

上海報紙不僅沒有鮮明的主張，與帝國主義及封建勢力對抗，即在別的方面也很明顯的暴露其無用，在藝術方面，如音樂，戲曲，繪畫，文學等人生必不可少的正當娛樂，他並沒有怎樣提倡；在科學方面，他更沒有甚麼貢獻，總之，他完全失掉指導民衆的最大功用了。

進一步講：何止上海報紙失掉了指導民衆的功用，就全國言，究竟能有幾個報紙一面做了人民的喉舌，一面做了人民的導師呢？

× × × ×

中國現時的報紙，除了鳳毛麟角的極少數以外，不僅消極的放棄了指導民衆的責任，積極的他們更製造了不少的罪惡。

蒲徠斯說：「……現在的新聞紙，雖則表面上都還是傳遞消息的機關，鑄造輿論的領袖，但是實際上已經變成一種純粹營利的事業，和他種商業的機關沒有分別了。……」自從營利主義發展，於是報紙更表露着一個極不良的趨勢來。

因爲要得着廣告主人的垂靑，首先就要謀銷場的廣大；因爲要擴充銷數，首先又要迎合社會上讀者的心理。所謂讀者的心理是怎樣的呢？

人類本來是具有獸性的，所謂文明人，祇是因爲他能夠多多的發展人性，抑制獸性，然而不論文明進化到了那一階段，這個獸性總是在潛伏着，遇着機會，就要發洩出來，在文化落後的中國，凡是醜惡卑劣的事，更足以投一般人之所好，譬如說，中國人是不曉得科學的，而我們的記者，到了現在仍如在第二個時期一樣，談狐說鬼，造出許多無稽的新聞來；中國人本來是不知道生理衛生的，而我們的記者就替那些壯陽丸生殖靈大吹特吹；中國人素來是喜歡「揚惡隱善」「樂人之危」的，而我們的記者於是就努力從事於揭載他人的陰私，以求一時的痛快；歷史上中國人的美德——仁愛——本來日在退化，而我們的記者，於是把那些强姦刦殺的事件，特別的形容盡致，張大其辭。總之，凡是帶有迷信，欺騙，殘忍，悲慘，猥褻，刻薄性質的新聞，我們的記者都視爲招徠顧主的最好材料，有之惟恐不登，登之惟恐不盡。他們這樣的利用人類的弱點與醜惡心理，我真不知天下多少罪惡，由此以成！

× × × ×

新聞紙與推行民治主義的關係既然是這樣的密切，而中國的新聞事業之歷史的發展，除了第三個時期以外，又很少能擔負指導民眾的責任，到了現在他竟「每況愈下」起來，我們爲謀利用良好的工具以建設新的中國起見，當然不能讓其長此「江河日下」改造與革新，當然是目前的要圖！

× × × × ×

怎樣的改造，怎樣的革新呢？首先我們當然須從新聞紙本身做起，而養成報學人材，自然是當務之急。不過我們所謂報學人材，決不僅是知道些編輯取材經營等等技術方面的知識，而必須有科學的素養，對於國內外各種環境各項問題有深切的認識；我們所謂報學人材，更不僅祇是備具了些必備的知識，富有指導民眾的力量，而必須有卓立高尚的人格，爲民眾奮鬥的決心，與堅忍不拔的意志。能夠這樣，我們的新聞事業客觀方面之改良，方才算是有軌道可循。

× × × × ×

當然，要達到訓練良好公民的目的，除了新聞紙方面的革新與改造以外，如何使讀者接受新聞紙的指導，也是當前一個很大的問題。常聽得人說：『日本的黃包車夫，當沒有生意，車子歇着的時候，手裏總是拿了報紙閱讀。』中國人怎麼樣呢？中國人民大部份沒有閱報的習慣，一般人不必講，我們就拿所謂在受中等教育高等教育的中學生大學生來說：在一般的中學校大學校裏，我們雖然沒有精確的統計，然而高興看報的決乎不多；在這些閱者當中，不以看『報屁股』如「自由談」「快活林」之類爲其惟一目的，而能特別注意於重要新聞的爲數更必不多，這樣一來，無論國際的或國內的政治情況若何，其對於我們國民，自然若「風馬牛之不相及」了！

自從中俄問題發生以來，俄國人民的神情非常的緊張，世界各國也莫不加以特別注意，可是我們的國民是怎麼樣呢？我敢說一句：如果隨便找一個大學生中學生來問：中俄問題的遠因，近因，現狀如何國際的論調與視察又如何？必然瞠目不知所對；若是跑到鄉下去找一般人說話，則連「中俄問題」是怎麼一回事，都不得而知了！

不客氣的說：要提高一般民衆的知識程度，最大的責任是要靠智識份子擔負，而現在佔智識份子之最大部份的學生，又這樣不關心時事，我們怎的不替中國的民治前途悲！

我常常問一些中學生爲甚麼不看報紙？他們的回答，是：時事太複雜，看去無頭緒，所以索然無味。我想這是的確的：報紙的記載，是零碎的，某個問題發生，想要明瞭他的過去，認識他的現在，推測他的將來，而對他發生興趣，非得有過去繼續不斷的注意，系統一貫的研究不可，假如平日沒有養成閱報的習慣，片段的看某一部份新聞，是不會明瞭他的各方面而發生興味的，譬如說，拿英俄復交一件事來講：要我們對他發生興趣，我們必須知道已往他們的外交政策是怎樣？他們從前發生過甚麼關係？他們何以斷絕邦交？斷交後兩方曾感受着甚麼困難？現時國際環境怎樣？他們何以要復交？復交後影響於世界將怎樣？影響於中國又將怎樣？——要明瞭這些，我們非長時期的看過報紙，並且在各方情況都加以注意不可的。又如國內武人時而聯甲倒乙，時而聯乙倒丁，我們要對這些事件發生興趣，就非看過長時期的報紙，知道甲乙兩方的歷史，他們曾發生過甚麼關係，現時他們所處的環境怎麼樣——如此一切不可的。

要解決這個問題，在新聞紙方面，對於某種較大的事件，應當多作有系統的敍述；在讀者方面，我主張强迫的養成學生閱報的習慣。

怎樣强迫養成學生的閱報習慣呢？

我們知道一個人在幼年時期及青年時期，他的可型性最大，如在進了大學或脫離學校跑入複雜生活的社會中以後，才來練習閱讀報紙，是很困難的。所以要養成閱報習慣，也應從小學及中學生活中做起，所以我主張小學課程應添設讀報一科。教師應當採取每日的重要新聞，用簡潔易懂的語句編成壁報形式，强迫學生閱讀，在中學裏應當加入時事教學一課，有系統的把國內外各種重要事件介紹給學生，用分析，綜合，旁證，推理各種方法，務使他們得到一個明確概念。能夠這樣，每天的報紙，自然如一部無盡的章回小說，爲讀者終身所手不忍釋的了。

× × × ×

客觀方面改良新聞紙本身，主觀方面啓發人民閱報的興趣。我想中國的報紙才能夠襄助民治，才能夠訓練良好公民，才能夠在其發展的歷史上放出很大的光明，洗掉目前對於國民『非徒無益，而又害之』的罪惡！

今日中國報界應有的覺悟

郭步陶

近十餘年來，中國報紙，好像有些進步，外形方面，紙張加多，告白擁擠；內容方面，新聞門類日增，編輯方法改進；更有一般人大聲疾呼；「報紙革命！報紙革命！」但從細研究起來，進步的地方，究竟在那裏？革命的事實，究竟在那裏？我敢說一句不好聽的話：現今中國報紙，不但沒有進步，恐怕還正在開倒車咧！遠的且不用說，就把清末的蘇報，民呼報和今日平津滬各大報、拿來比較一下、究竟那個有精神？那個有價值？請大家下個公平判斷吧！

我國報紙所以弄到現在這樣地步，是誰的過錯？說是報館的資財不及從前嗎？一年幾十幾萬的，幾萬的，幾千幾百的大報，現今著實有幾家，從前辦蘇報的，不過是章太炎鄒容等幾個書呆子，從前辦民呼報民吁報的，不過是于右任朱少屏等幾個窮措大，（就辦民呼民吁時說）那有甚麼充裕的資財，能和現在各大報的經理先生，相提並論？說是報館的人材不及從前嗎？十幾年中在中外各大學學有專長的人們，投入報界的，很是不少；新聞學的書籍，新聞學的學科，雖說不能趕到歐美各國，却也正是一天多似一天；從前半路出家的文人，斗方名士的著述家，怎能望見其肩背？然而辦報的成績，却是這樣，究竟是甚麼原故？

看去似甚繁難，說來却也簡單。千錯萬錯，都是枝葉，第一個根本錯誤，就是從事新聞事業的人，把報館當作終南捷徑，沒有真正了解報館的使命應當怎麼。大家聽了這話，一定要問我：「這是他們個人造詣上品格上的關係，怎樣能使全國的報紙都爲之退步？況且現在辦報的人很多，難道沒有一個潔身自好，想要振作有爲的嗎？」我說：這話固然不錯，但是大多數人的事業，往往因少數人誤解，或偶入歧途，而竟得意外奇獲，於是大多數人爲之意奪，不免亦入於徬徨莫主的途徑。同時社會惡魔，見少數人可以利用，遂假以威權，使自制服其同類，大多數人至此，雖其中尚有若干人，未盡泯沒其本心，亦心餘力絀，不能不束手以待斃。現在中國新聞界的病狀，就是這樣。老實說：中國報紙的進步困難，乃從事新聞事業者的勇於自殺，不過假刀把於他人罷了。

中國從前科舉的弊病，固然是空虛不切實用，而流毒之大的，尤其是借科名爲做官的階梯。現在辦報的人，教他贊成科舉，當然沒有人相信。然因爲辦報的成績便出去升官發財的，却大有其人。一般青年，在求學時代，見朝中高官厚祿，辦一辦報，就可到手：於是到了大學，便學新聞學，畢了業，就爭找報館事情做，到了報館，筆下發皇的口才敏捷的，便想在外活動，能謀到廳長祕書等去做，固然快樂；萬一機緣不湊巧，就是科員書記等位置，也要想試一試，或者能稍微過一過官癮，因之身在報館，心逐官場，那有心思，研究報的內容？甚且因爲想見好官場，應登的新聞不敢登，應評的事件不敢評，遇了問題發生，祇拿不關痛癢的話，來相敷衍。你想這樣辦報，報紙怎能有改進的希望？尋源溯流，這就是幾位現居顯要的新聞界老前輩所留下的教訓了！（他們所以做大官，或者有比新聞事業更大的責任，要他們負擔；但就事實論，總覺有這樣情勢，影響於新聞社會。）

報紙的天職，是要代表輿論，或創造輿論。甚麼是輿論？就是羣衆所要講的話和國家政治，社會事業的改進，都有絕大的關係。羣衆已覺到的，報紙要作他們的代表，羣衆應說而還沒有覺得的，報紙領導他們，使他們曉得。我們想想，報紙和社會的關係，這樣密切，辦報的人，怎樣不爲社會尊重？但是在最近幾年來，中國人對於報紙，往往不大信任。起初我很詫異，後來詳細調查，知道其中也大有道理。有的是記載不盡確實，有的是大衆都已曉得的事，報紙還一字不載。報紙的信用，遂爲之一落千丈。至於致此的原故，報紙本身，固然不能說完全沒有錯處，但另一大半，是有他種勢力，從旁壓迫，使之不能自由行使其天職。此種勢力，國事經一番變遷，便增加一次。加至今日，幾使中國所有的報紙盡失其生命的自由，換句話說，就是報紙的形體雖具，報紙的精魂早已消歸烏有。所以行使這種勢力的方法，前清時代想不出，袁皇帝時代也想不出，現在一切進步了，輿論都已用不着了，所以安然行之，沒有人敢起來說一個不字。雖然，名爲民國，而輿論可以不要，究竟於國家社會，是利是害？還要請現居顯要的幾位新聞界老前輩明以教我！

話已說多了，還是就我們報界的本身說說吧。報紙的天職，上面已經說過，當然要主持公道，宣布確實消息，才爲盡職，辦報的人，本來應有犧牲的精神，百折不回的志氣，才能有成功的希望，隨便做一件甚麼事，外來的阻力，一定是不能免的。況且報紙處於第三者地位，斷不能常常對何方面專說好話。祇要自己無所偏私，不管外力如何壓迫，總當自行吾心之所安。萬一遇有挫折，則儘力所能，以爲應付，窮使吾報形體與精神同歸消滅，決不使其形存而神亡。但是這種辦法，不能專責備一報，舉國同業，應有相當的聯絡，孤掌難鳴，衆擎易舉，凡事皆然，何況辦報？我記得春秋時候，某年齊君被人殺了，當時史官就拿著簡冊大書特書曰崔子弒其君，崔子恨極，把他殺了。第二個史官又上去寫，崔子又把他殺了。但是第三個史官仍舊照樣去寫，崔子却也不敢再殺了。那時是專制時代的亂世，史官尚且能行使他直筆的大權，我們現在生於民國的革命時代，難道全國報紙，連一個齊太史都趕不上嗎？所苦的就是大家沒有精神的結合，又有一班已經由報而官的老前輩，給他們做了一個大幌子，以致他們更有精神恍惚，不能自己作主了。所以我這篇短文的結論，就是希望我國從事報業的人從此覺悟，永遠不再做官。

資本主義新聞事業的危機

李 興

新聞事業是社會文化產物底一種，一切文化產物的生長與衰落，都受着當時社會的支配。同樣，在歷史上每一個時代的新聞事業，無不和當時的社會相吻合。現代新聞事業是資本主義的新聞事業，今日的資本主義已到了百孔千瘡的時期，從上面的觀點，吾人也可以看到現代資本主義底新聞事業是臨了怎樣的末路。

一，新聞托拉斯內部組織的矛盾

資本主義新聞事業最顯著的特色，要算托拉斯化了。在托拉斯化中，牠本身就充滿着各種矛盾，這些矛盾的意義，一方面是表示牠沒落的微兆，同時也是孕育未來新聞事業的新要素。現在按次分說之：

第一，有計劃的經營。現代托拉斯獨佔時期的新聞事業，經營新聞事業的資本家，完全把牠當作一種工業來看待；因此，舉凡在其他工業上所運用的管理方法與制度，也同樣普遍的拿來施行於新聞事業，其結果，無論說到費用的節省，或工作的效能，都比之各個報館分開，不相聯屬時期進步得多，這確是一種合理的科學制度。但是現代資本家運用這種科學制度，其目的幷不是爲着社會的利益打算，而是在消滅同業間的自由競爭，以達到他們的利益，得到穩固的統制，這種行爲在實質上實在是來維繫在現代已難能維持的資本主義制度的一種最後手段。從這一個觀點上，我們可以預測在不久的將來，隨着資本主義的動搖的加激，這種用合理的科學制度來經營的新聞事業，因爲自身的不能自由發展，必將從資本家手中蛻變到另一種新形態。

第二，國有化。資本主義新聞事業「國有」化的意義，就是具有國家經營的雛型。換言之，便是國家自身是新聞托拉斯的主人。試看現代各資本主義國家，舉凡郵政、電報、鐵路、等與新聞事業具有密切關係的重要企業，大都爲國家所獨佔姑無論矣；就是成爲現代新聞事業的靈魂的通訊社，也大部份是揭着國家經營的招牌，這幾種構成新聞事業的主要元素之日漸集中在國家手中，就是表示現代新聞事業之對國有方向推移。不過，在這裏有一點，我們應該注意的，就是在這時期所謂國家，乃完全與資本家結合爲一體，國家不啻就是資產階級的代理機關，以此，由她所擁有的新聞事業，並不能造福於大多數的民衆，而只是代表少數資產階級的利益，所以現代資本主義底新聞事業，在形式上雖日漸趨於國有；但實質上，全部的利益，——包含物質及精神兩方面——都是納之資本家的懷中，而大多數民衆則反因此加重束縛與剝削，這種違背新聞事業進化的事實，是社會過渡時期所產生的畸形現象，其結果也必跟着資本主義社會的崩潰而起變化。

第三，國際化。資本主義發展到了最後階段的獨佔時期，各帝國主義間的政治與經濟的鬪爭日益尖銳化，於是牠們中間都各樹立很堅固的國家障壁。但是新聞事業的本質是超越國境的，在這裏便是資本主義新聞事業的矛盾所在了。各國資本家一方藉着國家做障壁，拒絕別國的新聞事業勢力侵入；一方却又爲着自己的利益起見，超越國境去和別國的資本家謀合作及訂合同，——例如英國的路透社與美國的聯合通訊社合作，日本的新聞聯合社又爲路透社及聯合通訊社之一員，牠與英之路透社，美之聯合通訊社，及世界最有力之通訊社三十餘家，都締結有密切的關係。這都是資本主義應乎新聞事業國際化的需要，所形成的許多帶有國際性的機關。新聞事業托拉斯化，當初的目的，原是欲鎮壓國內各報館間相互的的競爭，今已漸漸發展爲鎮壓各資本主義國家間的競爭了。這便是表明現代新聞事業已走向世界的階段，其結果必將衝破帝國主義國家對立的障壁，而自由發展。

二，工人辦報運動的勃興

另一種新興勢力足以致現代資本主義新聞事業的死命的，就是資本主義國家內勞動階級底報紙的興起。在過去一切的勞工運動中，大體都具有一個缺點：便是想求政治的勝利，而忽視政治的勝利以外的一種東西——新聞事業——的獲得，以致運動的結果，當初企圖的慾望，大都陷於失敗，即使在某一個時期僥倖得到勝利；但是這種勝利，每每是虛偽的，對於維護勞動階級本身的利益，是沒有裨補的，這就是因爲新聞事業在現代社會中佔着很重要的地位，舉凡消息的傳播，輿論的發表，都藉着牠做工具，而管理新聞事業的人，又握有無上的威權，如關於材料的選擇，事實的披露等，都由他們一手來包辦。全體民衆決定他們對於各種問題的意見和政策，便是根據他們從新聞紙方面得來的知識。像現代各資本主義國家，這種工具全是留在少數的資本家手裏，他們大家結合起來，便可很自由的宰割一般勞動階級；這樣，不獨勞工運動很難得到成功，就使工人可以有組織政府的機會，但其結果，造成政府和推倒政府的勢力操在勞工階級以外的人手中，則他們在政治上所獲得的勝利，仍是等於烏有。現在的從事勞工運動者，他們經過歷史上多次的失敗，他們已從失敗中得到教訓，他們已覺悟到要使勞工運動得到真正的成功，非首先創辦一個足以完全代表他們的主張與利益的報紙不可；他們現在正在積極進行辦報運動，并且這種運動的前進，是滿佈着很大的希望的。誰都知道在任何資本主義國家中，勞動階級總是佔着全人口的大部份，現在資本主義底報紙，在國內的銷售，大多數的讀者是仰仗他們的：至於資本主義底報紙，也並不見得有什麽神奇高明的地方，每天白紙墨字刊載出來的新聞，原是一樣的。牠們所以能夠維繫大批的勞動階級底讀者的原因，就是靠着當初創辦的時候，利用大量的資本，竭力講求廣告及推銷等方法，在閱戶方面造成一種偏好的心理；那些閱戶看了，久而久之，便形成一種習慣了。我們既明白了這一點，就可以知道勞工報紙運動的前途是不可輕視的，因爲這個成功的法寶，現在已掌握在他們的手中，只要有一個機會，使他們意識到這一點，自己肯拿出來應用便有效力可言了。他們要從資本家手中奪回新聞事業的管理權，並不如爭奪政治權或經濟權一樣，要用革命的流血手段才能得到；也不似資本家一樣，在開始創辦的時候，要化費大量的金錢來講求推廣銷路的方法。勞工階級取得新聞事業的管理權及維持牠的生存的方法，乃一件很容易辦到的事情，這就是在他們階級内的人覺醒起來，大家認定新聞事業在勞工運動過程中的重要，共同組織一個職工聯合會之類的團體，專負責辦理勞工的報紙。經營這種報紙是有完善的計劃的；第一步，由職工身上抽出小數的金錢做開辦費；其次，就是關於道德方面的事情，只要每個工人不爲資本主義底報紙的動情的煽惑的新聞所引誘，下了一個決心，與資本主義底報紙絶緣，每天養成一種小小的習慣：購讀勞工報紙一份，這樣下去，牠們的銷路已有了一定的把握，就不致影響及報紙的生存了。總之，勞動階級起來辦報，這是一件輕而易舉的事情，他們的成功，資產階級是不能摧殘的，祇待他們自己的努力。

資產階級決不能施行什麽政治的方策，以改變他們的意志；也不能加以武力壓制，而使他們畏縮，他們可以兵不血刃而獲得數十年來主宰他們的寶貝——新聞事業。現代資本主義國家内的工人已有認清了這一點，而起來努力奮鬥者，例如法國的民報，(Le Populaire)及德國的前進報，(Vorwarerts)我們深信隨着這種運動的普遍化，就是資本主義底新聞事業踏進墳墓之時。

三，殖民地新聞事業的發展

現代各帝國主義，在他所佔據的殖民地及牠的勢力所到的地方，莫不積極的施行新聞政策，其施行的結果，使這些地方的新聞事業，都改觀了。隨着帝國主義侵略所到的地城，現代新聞事業，各種基礎要素，都帶進去了：舉凡鐵路，電報，飛機等傳遞工具，機械的印刷技術，公司制度的報館組織，以至完備的通訊社，……要之，帝國主義國內所有的現代新聞事業的種種設備，在殖民地及弱小民族國家內，無不應有盡有。帝國主義最初的目的，原是欲藉着新聞事業的力量，把本國的文物制度灌注入一般被牠們支配底下的人民的腦海中，以期他們起同化作用，從此失却了固有的民族國家觀念，消滅了反抗的意識的；這種新聞政策實施的結果，果然有大部份的殖民地及弱小民族，國家的民衆，中了他們的毒，好像着了魔一樣把自己的意識模糊起來，如同馴服的羔羊一般任他們的支配了；但是當中，有一小部份的先知先覺的民衆，却因爲看到了他們實施這種差別的待遇政策，結果無論如何不受同化，在這種矛盾情形之下，於是另一種新興勢力便孕育起來了；這就是他們學會了構成現代新聞事業的印刷技術與報館組織，世界情形和他們所處的地位，也知道了，同時，他們的意識形態也起了交替的作用，由靜而動，由受動而主動。由於上述種種的事實，他們已知道新聞事業在革命的過程中所佔的地位的重要，他們知道欲圖反抗帝國主義運動的成功，必須先喚起民族意識的覺醒，而欲使民族意識覺醒起來，又端賴乎屏除使民族意識消沈的障礙物，這就是帝國主義所刼持的現代新聞事業。既有了這種主觀的自覺，再加以如上所說的帝國主義教給他們各種物質方面的設備，更增强他們對於國內民衆影響的力量。在這種情形之下，於是現代各殖民地及弱小民族的國家底新聞事業，便像風起雲湧般一天一天的萌芽而發育起來。試就中國的情形來說：在數十年前，帝國主義正很凶猛的侵進來的時候，當時全國的新聞事業，差不多全部掌握在外人的手中，華人自辦的報紙，只有數家，都是規模非常粗陋，帶着原始時期的色彩很濃厚的。可是自經中日戰爭後，一般先知先覺者，都感到帝國主義的壓迫日烈，各借筆端發表救國的言論，於是當時的報紙紛起；厥後三十年間，帝國主義在華的報紙，大部份由國人收歸自辦，到了今日，帝國主義在華的新聞事業，除却通訊社仍具有强固的勢力外，說到報紙，可說已成了强弩之末了；就是外國通訊社的消息，國民的態度，也不像從前一樣，一味只知信仰。因爲牠們近年來作惡多端，時常構造無意識的新聞，以淆亂國際間的視聽，大多數人接讀一條新聞後，都知道加以理智的觀察和評判，盲目的信徒，是沒有了。換言之，便是帝國主義的新聞政策，已日漸削弱。反之，中國的報紙，却有日漸增加之勢，尤其是各大埠的報紙，其報館的設備及經營的方法，都踏進了現代新聞事業的楷模。綜此種種，都是帝國主義在殖民地及弱小民族國家施行新聞政策後，而得了一個相反的結果的明證。他如印度，菲列濱等殖民地的新聞事業，近年來也都現着方興未艾的景象。殖民地新聞事業的發展，也便是資本主義新聞事業底一個催命符！

總括以上所說：現代資本主義新聞事業極度發達的結果，已釀成內外兩種推倒牠自身的勢力；從新聞事業發展的趨勢看來，繼牠而興的必爲社會化的新聞事業，這個階段的情形如何，作者當另爲文討論之。

新時代的新聞記者

謝六逸

國內的報紙，沒有一種能夠適合近代的「喬那尼斯姆」(Journalism)的標準，有新聞學知識底修養的人，都能證明這句話。

現在上海報館的記者們，大多數是「冬烘」之流，對於新聞的採訪與編輯，都使用着極陳舊的方法，所以上海的報紙不見有什麼進步。

因爲時代的轉變，使我們企望有適應新時代的新聞記者產生出來，掃蕩報界的陳腐空氣，建立中國的新「喬那尼斯姆」。

新聞記者如何能夠適應這個新時代呢？我想他們除了應有的知識以外，還得具備下面的幾種特質：

第一是健康。現在國內報館的工作時間是極不規則的，雖然有才能或學識，如身體不健康，就不能夠耐勞。新聞記者對於Sports應該熱心參加，或選擇一種作爲自己的嗜好。

第二是明快。憂鬱性的人決不適宜於新聞記者的事業，像一個多愁善感的才子，便沒有做新聞記者的資格。精神的明快，給他人以不少的好感。精神明快的人，對於繁雜的事務，並不覺得厭煩，處理事務時，是極有條理的。但是，輕薄的明快，就不是我的本意。

第三是機智。是新聞記者的必要的條件之一，就是在咄嗟之間，「運用他的機智」(Wit)機智的範圍很廣，例如應事接物，做文章，談話等，都包含在內。但所謂機智，並不是使用「狡詐。」如使用「狡詐，」在第一次雖可僥倖達到自的，第二次便不免失敗。

第四是熱情。對於自己的工作應該有熱情和興味。新聞記者受挫折的時候很多，正如男子向女子求愛時，總是遭拒絕的時候爲多。如果沒有熱情，遭受一點挫折時便想中止，事業便沒有成功的希望。興味是從熱情來的，記者對於自己的事業，應以興趣爲主。雖然是以記者的事業來維持生活，但必使之興趣化。拉黃包車的人，覺得跑路太辛苦一有機會便想停下車子，在運動場上賽跑的人，越跑越有勁，同是一樣的跑路，精神上卻大有分別，這就是「興趣化」的問題。

第五是常識。記者除了自己的專門學識之外，必須常識豐富。常識就是百科全書的「縮印版」，記者所急需的常識，有思想、文藝、政治、經濟、社會、歷史、地理、Sports等。日本各大學的畢業生向報館求職業時，都要經過「入社試驗」合格才能錄用，試看他們的試題，便知道是注重多角式的知識的——

東京「日日新聞社」試題（受試驗者大學畢業生一百八十名。）

（一）作文（限一小時交卷）

就左列諸題選作一題。

一、澤正之死（註：澤正是日本的名伶澤田正二郎）

二、漫畫的新聞價值。

三、大百貨店論。
四、關於Radio。
五、「健康增進運動」所感。
六、對於現議會的貴族院的態度之批判。
七、產兒限制。
八、帝國首相田中義一。
九、對於「小選舉區」制的提案。
（備考）投考營業部者，就一至五中，任作一題。

（二）就左列單語，以三四行文字說明之。Talkie，新渡戶博士，Manneguin，胚芽米，Televission，山本宣治，北平，岡崎秀之助。
（備考）投考營業部者，本題免作。

（三）視察記
就左列各地，自選其一，在十日午前親往視察，午後一時莅場，二時以前作成視察記。

一、上野淺草，二、本所深川，三、百貨店，四、「山之手」一帶的熱鬧場所，五、銀座。

（四）外國語（略）

（五）演說筆記（略）

第六是認識我們現在所處的時代，涉獵現代人應有的一切知識，有尖銳的眼光觀察我們的社會與時代，作社會的先驅者。

以上的六種特色，是新時代的新聞記者人人必須具備的。其他的專門知識，輔導知識，文藝的修養與技能等等，是學校裏的課程，不屬於我所說的範圍。

——自茶話集

中國報紙的批評

樊仲雲

中國的報紙，大概可分爲兩種：一爲地方性的，例如杭州日報，漢口報紙等是。一爲全國性的，例如上海之各大報等是。故我人欲把中國的報紙，下一批評，則須以含有全國性的上海之報紙爲對象。

憶起我個人在今年之暑假中。因天熱與數個朋友到莫干山去避暑，那裏四週靜寂，風景清幽，該山附近村民，安安樂樂地過其平和生活。我們長日無事，不得已將一隻耕牛做題目，互發議論與批評。這些無聊的舉動，足以證明我們係從繁華的上海來的，不慣於這種淡泊的生活。我們每天的熱望，就是郵差之蒞臨。郵差來了之後，我們就可知道外間的消息；假使一天報紙不來，就覺得異常難過。以上這些現象與心理，就可以表明現代人士對於報紙的需要，不可一日或缺。這些求知和適應時勢的慾望，就是與從前時代不同之一大確證。

現代的人們，差不多每天都需要一種新知識的注入。所以我們在莫干山的時候，對於上海報紙，有許多不滿意的地方，甚至有許多稿子，係我們送去的，但我們一定欲去看牠。這種不可制止的求知慾，恰如上述的。

現在的報紙，就是知識的鴉片，有麻醉我們的力量的。現代報紙最重要的唯一標語，一是『消息靈通，』另一是『議論公正。』但實際上能不能恰如所言？這就是我們所要討論的。

『因資本主義的發達，才有產生現代的報紙。』這句話或有人懷疑着，但事實告訴我們，的的確確是如此，毋須用着懷疑的。從前的報紙，簡直是一種官報與邸抄，爲天子及諸侯間的日用起居注，與平民階級毫不發生關係。現代的報紙，是代表人民的輿論，而是資本主義發達到相當程度，才產生出來的。在從前統治階級，政教合一的時候，用信仰的力量，去消滅一切人民反對的意見；輿論既乏，報紙自難誕生。由政教合一進至軍國國家的時候，統治者用武力征服其他部落，成功了一個國家。在統治階級下還有他們的統治者與人民，如圖：

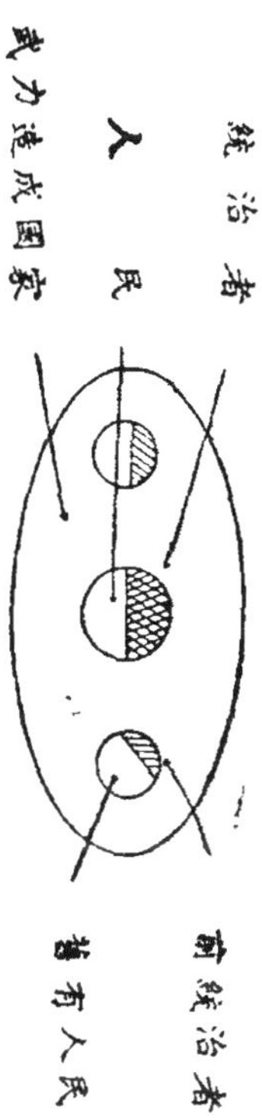

被統治者因不勝統治者之壓迫，欲表現其痛苦，但統治者極力抑制，使不得發洩於外。我國清初對於明末遺老，極力壓迫，惟恐不及，就是一個明證。到了亂世時期，統治者的武力壓制，時虞不足，於是士大夫階級就走到新的階級中，去反抗原有的統治階級；這個時期亦沒有報紙的產生。

近代產業革命後，資產階級突飛猛進，而從前的達官顯貴還須仰恃資產階級的鼻息，於是資產階級就產出報紙來，去要求自由平等與民主政治（Democracy）一般民衆竭力地歡迎他們的主張，一呼萬和，爭對資產階級，表示好感。後來資產階級漸漸分化，代表銀行資本家等的自由黨，和代表大資產階級等的保守黨，互相爭雄。報紙爲各派言論之代表機關，故亦風起雲湧了。中國的報紙，則產生在前清末葉。

報紙可稱爲現代政治的生力軍，資產階級利用着報紙，去打平一切封建的界限，與各資產階級的見解。時際今日，報紙還可溝通各人的意志，與交換各人的思想，記得有一本書名稱爲『Tames Bryce Modern Democracy』裏面說：美國之所以能造成民治政體的國家者，得力於報紙的力量，至大且深。』報紙的重要，可見一斑。

中國的報紙，還是受統治於封建的政治，而沒有公正的議論。甚至上海有數家報紙，是沒有評論的。報紙而沒有評論，早已失掉『議論公正』四字的意義了，有些報紙，用成語和格言去做時評，亦已失掉『時』字的真義。還有一種報紙的時評，內容旣不充實，只有『起承轉合』而已。像以上這些報紙，欲從而收到打破封建制度，建設民治政體的實效，無論如何，是永遠辦不到的。

上海報紙的靠山，完全係封建的餘孽，和腐化的官僚，上海新聞記者的態度，多半是玩世的享樂的冷酷的而毫無同情的態度之表現。有一次，上海有一家在午夜遭回祿之災，那家家人，因不及着衣而奔出，致成一絲不掛；事件發生後，有一家報紙，且以『火裏觀模特兒』的大標題出來。至於最近如黃慧如之戀僕事，上海各報紙的記載，延長至數月之久，而迫她死於非命。上海新聞記者的沒有良心，從可概見。

上海報館的所在地，位於帝國主義的中心點，對於攻訐一切帝國主義的文章，自屬『諱莫如深』的。去年我有一個朋友，著有『英法協定』的批評一書，大罵英法兩帝國主義，郵寄回國。結果上海有一家很著名的報館，拒絕是項文字之登載，於此又可見上海報館之乞憐於外人態度之一大鐵證。

至於報紙的消息靈通方面，我們可以分開兩層講。一方面是編輯，一方面爲取材。報紙如欲得多數讀者的注意起見，須視編輯的才幹何如，取材如何以爲斷。上海的報紙，是以地方新聞放在地方新聞欄，專電放在要訊欄。例如前年廣東共產黨暴動時，申報把關於暴動記載，分登數張，使讀者勞於披閱，這種辦法是歐美和日本等各國所沒有的。這些以地方主義爲目標的分類在編輯者固便利矣，其如我們讀者的麻煩何？

取材方面譬如國際新聞，我國各報館。但是由外國各大通訊社的供給。最重要的各大供給機關，爲英之路透社，日之電通社，美之聯合通訊社，合同通訊社等，其餘如俄之Tass 法之Havas兩通信社，大概中國報館不用。對於這些國際的通訊，各通訊社的來稿，報館須加以審查或剪裁，以免淆亂聽聞。但是中國的報紙對於外國通訊社的來稿，不問可否，一律登出。例如英皇病時的詳細狀況，與中國不發生何種重大關係，然而英國路透社的通訊，中國報紙，盡量登出，今年英國工黨組閣，對於世界的大局，影響甚大，但上海時報，竟致漏登。我們知道：當國際事件發生時，報紙對於各方關係的消息，尤不厭求詳；普通無關痛癢的國際新聞，可刪則刪。凡現代的新聞記者及報館，都宜抱定此種宗旨的。

關於國內新聞方面，靈通之外，須再真確。現在中國的報紙，欲望其靈通與真確，十分難能。甚至所刊消息，很多屬隔靴搔癢。如此次上海各報館所組織之東北考察團，返滬時竟百無聊賴地寫出那些不關痛癢的紀事文章，真是可笑。這些文章，與從前上海有一記者，被孫傳芳請去宴會，後來他便寫一大篇關於孫傳芳的瑣事，一樣地可笑。所以現在中國的新聞記者，仍然是『個人主義』的時代。

我們曉得報紙如具有上述諸種病態，結果一定破產，然現在中國的報紙病態不但無絲毫改良，且爲狀更進一步。這些病態的表現，就是許多報紙已經踏進了墮落之路。墮落的主要現象就是『大報的小報化』。我們須欲明白現代舉辦報館之兩大目的，一爲藉報紙發揮他們的主張，一爲藉報紙發展他們的營業。試觀現在有許多報館，只問營業繁盛，不問其他的情況，便可證明。

現在報紙的營業方針，計有二途：一趨廣告，一趨定戶。例如上海申報的藝術界，學校生活等欄，俱爲廣告的補白的。中國現在報館之職員，均已掃數屈服於廣告勢力之下，遑論其他？當『五卅慘案』發生時，上海英美煙公司，誘各報館以重金之結果登出一則含有議論新聞，而充滿帝國主義的毒焰的廣告。由此觀之，上海報紙的墮落程度，竟至此極，殊堪浩歎！還有一點，上海各大報，因羨慕小報銷路之佳，於是不惜重闢社會新聞一欄，登載那些奸淫擄掠，殺人放火的事件，天天給予讀者以不良的印象，報紙如此，還有什麼希冀呢？

中國現在報紙的讀者，大別可分爲兩種：一爲有智識階級，一爲次智識階級；前者爲數甚少，後者爲數衆多。報紙爲希望營業發達起見，不顧墮其『報格』登載卑劣消息，以迎合次智識階級的歡心，良可惋惜！

含有『全國性』的上海我國報紙，竟反而代表帝國主義和封建勢力張目，若長此以往，後患何堪設想；故我們這些讀者，應該給上海各報館的負責人員，一個嚴正的制裁。譬如一間飲食店，出賣含有微菌的食物，我們除戒食之外，還須加以一種嚴厲的制裁，以免他人受愚中毒。這與我們對於上海報館之喪心病狂的編輯和營業兩方針，是同樣的道理。

至於中國報紙的轉變時期，大概可分下述三種：

1文化革命　2產業革命　3政治革命

我們欲把中國在封建中的政治，移到現代的政治，從而建設一種民主的文化，故我們欲實行文化革命，產業革命和政治革命，欲使文化革命產業革命和政治革命走向成功之路，就須將上海帶有『全國性』的而含有『麻醉力』的各家報紙，先行剷除淨盡。

——此係樊先生在復旦大學新聞學講座之演講，由杜紹文君筆記。

封建勢力在報紙上

東生

一

在歐美或日本，大概一天明，報紙就已到讀者的手中，所以一般人看報的時間，多在床上起身的頃刻，或者在飲早茶的時候，或者在到辦公室和學校的路上。因爲過了七八時，便是辦事的時間，沒有讀報的餘裕。若夫公事既畢，下午五六時回轉家中，則有晚報，日報的消息到了此時，已過時了。

但是，在中國，即如就新聞事業中心的上海來說，報紙由派報人送到讀者的手中，普通多在九時至十時左右。要上學校或者至辦公室去的，在這時候，早就忙碌的在治事了，所以看報的時間，不得不移至午飯後或晚間回家時。老實的、說一句，上海的報紙，雖然是每天早晨出版，其性質却等於午報或晚報。然而這也只限於中文報紙，外國報紙却不如此，是很早很早就到讀者手中的，使讀者於每天的早晨即知道本地及國內外的新聞，以後得安心的去治事上課。

這是什麼緣故呢？著者曾在內地辦過報，內地的印刷不及上海的優良，工人也不及上海的技巧，所以日報成爲晚報，照例須下午二三時始能到讀者手中。本來，在清晨四五時上機印刷，到七八時，有一二千份出來也可以分給本地的讀者，但是因爲有派報工會，報紙不能由報館自己分送，須待全部印好交給工會，由工會彙齊各報的報紙，分送給小販與派報人。報紙的分派是壟斷在工會當中，所以每天送非至二三時不能出版了。

上海的情形也如這樣，各報的報紙雖然是很早就出版，當六七時的時候，已有人在馬路上零星售賣，但是因爲須經過獨占的派報人的分配，常年定閱的讀者却非至九十時看不到報紙。這還是讀者自己向派報人定閱，倘若直接向報館去定，那未由郵局寄交，簡直非至下午不可，有時還要看隔日報。自然，這完全是派報工會壟斷報紙的分派所致，而我們讀者因報館當局不知設法改革，遂不得不忍受此種種的不便。

派報工會，由其字面看，這是資本主義發達後的團結，然而就其性質與組織言，卻完全是封建社會的一種基爾特。這借着工會的名義，代表封建勢力，阻止報紙的自由發展。所以新聞事業如欲圖謀發展，第一應當打倒此封建勢力的組織，由各報館自己雇人或設立派報所分派報紙。這樣，日報纔配稱是日報！

二

上海雖說是我國新聞事業的中心，但是上海的報紙，老實說，我卻沒有一種滿意，第一因爲派報工會的壟斷，每天須到九十時始能到手，就給我一個極深的惡感。所以我爲早一點知道新聞起見，寧定外國報，像字林西報上海日日新聞似的英日帝國主義的報紙。但是有許多新聞，到底是外報所不載的，所以我仍舊定了一份申報和時報。

上海大報大概不下六七種，我的定閱申報和時報，並不是因為申報和時報比別的報好。上海的報紙，我敢大膽的說一句，都是在水準以下的東西。我定申報，目的還是為看廣告。時報，或者有人以其圖畫為他報所無，這是時報的特色，但我卻決不是為的時報的特色而定時報，反之，像那些結婚照片和死屍的攝影，還是使我覺得肉麻難受，質言之，我是因為向來定閱時報，以因襲的關係，所以仍舊繼續下來的。

申報時報以外的報紙，有幾種是官報與半官報，我根本不相信這官字除了造謠欺人陰謀搗亂以外，有別種意義，所以無論其價值怎樣便宜，標語說得怎樣好，我卻不顧化這冤枉錢。除此，還有一種是新聞報，就印刷言，不及申報，但是就新聞言，則申報有時似不及新聞報。兩者實是同樣的糟糕，惟新聞報偏重於商業方面，且舊勢力亦更為濃厚，所以我卒棄新聞報而取申報。然而若遂謂申報優於新聞報，卻未必然。質言之，這都不外是封建勢力的巢穴，是同樣與時代思潮相反背的。何以見之？最明白的便是新文化運動已許多年，這新文化運動是表示文字從封建的古文形式中的解放，是工商階級對封建勢力的束縛的一種反抗，但是到現在，有幾家報紙採用那最形式的表面的改革，——新式標點符號，至於此外，更不消說全是封建勢力的表現了。

三

第一先說編輯方面。各報的編輯，便是爲封建觀念所支配，充滿着地方主義的，這是最原始的幼稚的編輯法，而上海的一般新聞記者以此自誇的。

譬如就申報說罷，一則杭州的新聞，可以同時見於三張報紙，杭州的訪員發一個專電，這是應該列入專電欄的，在第一張；倘若同時，那訪員寫了一篇通信，那便是國內新聞，在第二張；又如本埠關於此新聞事件有了行動或消息，那麼應該列入第三張本埠新聞欄，報館的編輯，只圖自己省事，卻不知道讀者因爲如此要化多少時間！倘若這樣以地方觀念一分類，便可以算是編輯，這樣的編輯，我想排字工人亦優爲之，然而上海的報紙卻多的是這樣編輯先生！——沒有思想，沒有常識，不知道事情的大小重要，什麼事到了手，便是這樣一分類。

然而最不通的是所謂社會新聞。上海的小報，因爲專記載私人的隱事，或者造謠以敲竹槓，是給人認爲下流無恥者之所爲的。近年以來，因爲我們的國民政府，檢查新聞的本領，比軍閥時代還高明，於是大報噤若寒蟬，而小報則反盛銷。大報的編輯，知道迎合社會的醜惡心理，有這樣的効果；於是自時事新報作俑於前，其他報紙，亦俱先後抽出奸殺戀愛綁票的事件，利用動人的標題，名曰社會新聞。像新聞報竟用二號字特標其名，我真不知道其與本埠新聞之所載有什麼不同，難道一定要屬於社會黑暗方面的才配說是社會新聞？報館編輯之無常識於此可見。

但是這種小報化的現象，一般報館的編輯，方自以爲革新，那裏知道這是報紙的墮落！

四

再就記載方面來說，報館編輯的心目中，也完全是封建的觀念，他們只知道個人，不知道社會，更不知道有所謂民衆。所以這樣的報紙，即使辦得很好，充乎其極不過是爲個人捧場的東西，况且還說不到一好字！

我們試打開報紙來看罷，可說差不多全是爲一般政治職業者作起居注的。譬如某某出外行獵，得一鹿，這值得什麽希罕，報館的訪事卻拍專電報告，編輯先生也不知剪裁，照樣用三號字登出。又如一般政治職業者之往來滬甯，在他們不過因爲南京生活苦，反正火車有民脂民膏供給，用不着化錢，樂得到上海租界，託洋大人的福來舒服一下，然而報館的編輯卻特闢要人行蹤一欄，我真不知道除了捧場以外，還有怎樣重大的新聞價值！

在從前軍閥時代，各地通信對於政治情形——如社會經濟，在報館編輯向來是不知道有其存在的——尚有相當的論述因果關係的記載，然而近來這種通信也沒有了，現在是報紙已等於從前北京政府的公報。這種現象的造成，我要說是封建勢力的露骨的表現。

本來報紙的出現，是資本主義發展時的現象，在封建時代根本沒有報紙。封建時代，一切權力都在君主貴族手中，人民沒有自由，當然不敢肆其批評，當然也就沒有主持輿論的報紙，那時所有的只是記載君主貴族的行動的政府公報。迨至資產階級勢力張大，於是乃有所謂德謨克拉西的政治，有黨派的區分，執政的黨借報紙來宣傳其主張，在野的黨則利用民衆的不滿，攻擊執政者，批評執政者，以張其黨的聲勢。這樣，報紙乃成爲代表輿論的機關。然而現在的報紙怎樣呢？不但沒有分析政治關係的記載，簡直連評論也沒有，現在是比軍閥時代更退步了一世紀！

五

中國報紙最可憐的現象是國際新聞一欄。因爲中國自己沒有國際的通信社，國際新聞，全恃路透，東方，電通，聯合，合同這幾家的供給。——蘇俄曾有一家通信社，現在大概以反俄的緣故不用了，——加以一般報館的編輯，又不知剪裁，於是凡在篇幅所許的範圍以內，通信社送多少，報紙便登多少，通信社若不送新聞，報紙也就沒有，上海的報紙，這樣遂成爲外國通信社的喉舌，是給英美日諸帝國主義宣傳德意的機關。

譬如，就英皇生病的消息來說罷，這消息雖重要，但是我覺得記載其因病不能親政事，於是成立攝政會議，這樣，已儘夠了，何必天天照着路透社登今天有無轉機，今天脈搏若干等等無聊新聞。須知新聞的價值是相對的，不是絕對的。在他們英人，英皇病訊成爲非常重要，但是我們中國人民，在沒有做英人的奴隸以前，卻是不相關的新聞——即使做了英人的奴隸，我想英皇病訊，無論如何，怕比他們英人不重要一點罷。

不過這也要原諒我們的報館編輯，他們所知道的是按地方區域分類，是有消息便盡篇幅登載出去，要和他們談新聞的編輯，請慢一慢，等一世紀後再說！

六

封建勢力最濃厚的部分，怕要算上海報紙的附張了。如申報的「自由談」與新聞報的「快活林」便是其代表類型。

報紙的主旨，因爲要主持公論，宣傳主張，於是有評論，因爲要溝通社會，於是有新聞消息的記載，同時，更爲與人以智識，使人得有優良的消遣與娛樂起見，乃有附張。即附張的編輯是有兩種目的，灌輸智識與消遣時光。上海報紙的灌輸智識的學術性質的附張，當新文化運動時，曾盛極一時，現在，時事新報的「學燈」是油盡燭乾，暗淡無生氣，民國日報的「覺悟，」大概因爲覺了已好幾年，有點睡眼惺忪，陷於沈迷狀態。此外，除申報曾出過星期增刊以外，根本不曾有學術性質的附刊。——至如申報的「常識，」則我實不知其學術性質何在，其程度正與我不懂那位常識的編輯先生的「人生」觀一樣。

但是除了時報，上海報紙却沒不有一種專資消遣的附刊。其中所載的是什麼東西呢？紅男綠女才子佳人的小說，約居八分之一，此外便是捧伶人，捧電影明星的文字，還有則爲那種不值識者一笑的談相說命，扶乩占卦，以及記載鬼怪的東西，質言之，完全是封建思想的結晶！不但此也，這與小報同其性質，以迎合社會的醜惡心理爲唯一目的。

於此，還有一張附刊要說的，那便是申報的廣告補白——「藝術界。」這附刊的篇幅完全以廣告地位爲伸縮，廣告多時，「藝術界」便沒有地位，這現象本已少見，然而更可怪的，這附刊，並只限於本埠定報的讀者，外埠的人在申報老板想來大概都是不懂此補白藝術的了。

七

記得什麼人曾說，國民常識的總量，有十分之八是從報章雜誌得來。故以這樣重要的傳播文化的利器，乃操於一般滿是封建思想，沒有常識沒有眼光的編輯者之手，其影響於國民生活當然是非常之大的。革命既不是單純的打倒軍閥的政治革命，當然還有別的意義。倘若只是單純的打倒軍閥，那末其性質，實無異於歷代的易姓革命，完全係一種統治階級內部的爭奪戰，與一般人民無關。但是這樣的革命，在二十世紀的今日，已爲時勢所不許。爲免除再蹈軍閥混戰的覆轍起見，現在是應當深入，對整個的封建勢力作戰。報紙在這時候，便是在思想上掃蕩封建的觀念的，這負着一種文化革命的使命。所以，爲徹底的完成革命起見，打破爲封建報閥所把持的宣傳機關，實是非常的必要。

然而要使報紙真能完成掃蕩封建勢力，建設民主政治的文化上思想上的使命，言論出版的自由也是非常必要，因爲以報紙的記載，不但可使各地的意見能夠溝通，打破封建時代的地域觀念，並且以人人都有其表示所見的自由，乃能形成堅强的輿論，以實行民主的政治。歐美現在的民主政治——雖然是布爾熱華的德謨克拉西——便是從封建的君主貴族的勢力下，標榜着自由的口號奮鬭來的。

現在掃蕩封建勢力建設民主政治的工作是橫在我們面前我們怎樣呢？則第一步著者要大膽的說，應當摧毀此封建勢力所憑依的報紙！

——自文學週報第八卷第八號。

評上海各日報的編輯法

鄭振鐸

一

在文學周報第八卷第八號上，有東生君的一篇封建勢力在報紙上，他已將上海的許多日報的真相完全露佈出來了——自編輯先生以至派報公會。但我還有幾句話要說的；我不怕觸惱這一班依附在封建勢力之下生存着的編輯先生們，我只要說出我所最刺目痛心的幾條事實來。「忠言逆耳，」幾位明達的老板們或編輯先生們或將因此而思有所改革吧。那真不止是我一個人所希望着的。

二

上海各日報大致皆分爲第一張，第二張，第三張及第四張，每張各有一個編輯。第一張最重要，是專電及要聞；這一張也有擴充至二張以上的，如新聞報，申報，第二張是各省各埠的新聞，第三張是本埠新聞，也有擴充至二張以上或另加「本埠增刊」的，第四張是「附張，」一名爲「報屁股，」也有另立名目，如學燈，青光，學海，快活林，自由談之類的。這四位編輯，各盡其責，不相爲謀；每夜，編附張的總先編好，先印，先走；編各省及本埠新聞的繼之；最重要的專電要聞的編輯是最後，他們總要等到最後的一批專電的來到；有時還要負看「大樣」的責任。所以他們動身回家或就睡時，大約總已要東方微明了。

這種分工的辦法，乃是「最原始最幼稚的編輯法，」如東生君所評的。最可笑的是，「一則杭州的新聞，可以同時見於三張報紙，杭州的訪員，發一個專電，這是應該列入專電欄的，在第一張；倘若同時，那訪員寫了一篇通信，那便是國內新聞，在第二張；又如本埠關於此新聞事件，有了行動或消息，那末應該列入第三張本埠新聞欄。」我們要知道一件事實的詳細情形，非翻遍了三張報紙不可。又如，安徽屯溪的被匪洗劫事，專電中，間或有之；各省各埠新聞中也是有的，而本埠新聞中卻更滿載着屯溪同鄉的許多消息及他們籌謀救濟的情形。我們如果對於此事關心一點，便非仔仔細細的從專電的第一個字看到本埠新聞的第末一個字的不可。不然，便準保你要失去很重要的消息。讀者的時間真是太不值得看重的了！第四張是沒有什麽關係的，其中原是不大有時間性的東西，或帶學術性質，或給讀者消遣之用，其另外排列爲一張是在於情理之中的。

所以我們要請求老板們或編輯先生們，將這種地方主義的編輯法，根本的改革一下；重要的事件，不分本外埠都要列於第一張，登不下時，可以繼見於第二張，第三張，如大陸報他們的辦法，從前時事新報彷彿曾這樣的辦過一時，不知後來爲什麽忽然的又變更了。時報只有二張，本埠一張，專電及各省要聞一張，在本埠的一張，又有全報的總標題，比較得算是最醒目些。

三

本埠新聞的着重，是一個很好的消息；僅在這個地方，我們乃能看出近一二年來的日報與從前的日報不同的編輯方法來。無論如何，這不能不說是一種進步。至於有人詬病他們之中充滿了奸盜殺人以及自殺的新聞；那並不是他們的過失，乃是這個可詬病的社會供給他們以這許多事實，而使他們不能不照實的登出的。任何這種事件，假定有一件在倫敦或紐約諸大都市發生時，怕不各家報館都發一個第一張的全幅，例如綁票，或在鬧市上因鈔把子，與强盜開火，而槍殺了幾個平民之類！但不知如何，我見了這些新聞，總覺得有些痛心。這種痛心却不在於事實上，而在新聞記者的敘述態度上。桌上有十八年四月十二日的幾份日報，且隨手舉一個例吧；時報本埠新聞欄裏，有一個標題是「救火忙，五處報警」一個「忙」字用得如何的俏刻可惡！又時事新報的第三張，有一個標題是「嗤彼小星，悔已無及，」內容敘的是：「婦人周陶氏訴其夫將伊遺棄，不顧贍養。原告於前年年底，嫁與被告。據被告說，並無妻室，不料過門後，得悉被告已有大婦。然木已成舟，悔之無及，祇得退居妾媵之列」云云，這樣的一件可以引起一個社會問題的案件，編輯者卻輕薄的加上了「嘒彼小星，悔已無及」八個大字，真是不知其是何心肝！這些還不算是什麼呢；甚至有自殺的還說他死得好，有決鬪得頭破血出的，還說他們有勇氣，不曾被殺，被汽車撞傷或死了，還說他自不小心，從綁票匪窟中逃出來，還說這是綁票的損失；遇强盜劫去了衣服金錢，還賀他不曾受傷。像這樣的可痛心的新聞，一天總有一二件，讀者自己且留神去看看吧！我不知道他們是不是有血與情的人！隔岸看火，吶喊稱快；羣觀殺人，拍掌歡呼，難道我們的民族真是這樣的一個不可救藥的民族麼？我不能相信，也不忍相信！

四

這種輕薄的以他們的死傷不幸，當作自己說笑的資料的態度，尤充分的發揮於所謂「報屁股」的附張之下。無論什麼嚴重的問題，一到了他們的手上，口中，便都成了嘻笑怒罵的或竟漠然無所動心的說風涼話的賣錢文章的題材。試舉幾個可以令人髮指的例子，第一例見於十八年四月十日的新聞報，快活林：

外交上的今昔

濟案解決了。崔士傑等到濟南。坐着花車。掛着青天白日旗。當地各團體。都來歡迎。日本人也來歡迎。這種情形。不但當局者覺得神旺氣壯。便是我們新聞記者紀着這段事。也似乎覺得筆底下很有些兒氣概。

可是同時我們也要注意到另外一則消息。便是蔡公時的夫人。正在那裏請求恤款。撫育遺孤。蔡夫人在這個時候。有斯請求。不知大家對於此舉。又將發生何等感觸。

同一交涉員。同一山東交涉員。有的悲慘。有的風光。這件事就外交論。雖非勝利。總算有相當的成績。然而就個人論。也祇能說是有幸有不幸。總之彼一時。此一時。蔡公時只是不得其時。因此大倒厰霉。

在大家很高興的時候定要提起敗興之事。似乎覺得無趣。但中國人有一個毛病很不好。便是太健忘。往往偶然得着些兒高興。就要忘記了以前的敗興。其實高興之事。不可沒有。敗興之事也不可過於善忘。再進一步說。須要不忘敗興之事。纔可以永遠保得住這個高興。形勢是時時變遷的。問題也是刻刻要提防的。前事不忘。事後之師。從正面說。是亡羊亟須補牢。從反面說。卻是事後關門。門也要關得愈緊愈好。（原文）

「當地各團體都來歡迎，日本人也來歡迎。這種情形，不但當局者覺得神旺氣壯，我們新聞記者記着這段事，也似乎覺得筆底下很有些兒氣概。」嗚呼！濟案的結束，乃結束於這樣的一種有「氣概」的文章，結束於這樣的「神旺氣壯」的情形之下乎？我不忍讀下去，我也不忍多說下去！

第二例見於十八年四月九日的新聞報快活林：

雋　語

毛雨樓因婚姻不自由。憤而自殺。各報社會新聞。均載其事。照他的姓名。可以成一詩句云。「小樓一夜毛毛雨。」祇可惜「毛毛雨」之後。未接唱「

妹妹我愛你。」便因此犧牲了一條性命。

以此等自殺的慘聞作爲「雋語」已極可訝的了！乃還以自殺者的姓名爲游戲而稱之曰：「小樓一夜毛毛雨。」作者豈是一位有心肝的人？編者又豈是一位有心肝的人？我不敢相信，我國的人，特別是新聞記者，乃竟無同情心至此！至於梁啓超死了之後，附張的插圖作者，乃畫一個鬼門關，幾個已死的鬼，向梁招手曰：歡迎，歡迎！這已是習見不怪的事了！

附張編輯者的缺乏常識，也是至可詫怪的事。怪胎鬧鬼之事，時見記載；最無根據的劍客俠士的消息，也常有詳盡的報告。此外，中醫的神效，西人的怪事，以及五六十年前筆記中所常有的神怪記載，也無不應有盡有。例如，（這個例又是從快活林中來的，（四月二十三日）不是別的報上沒有這類消息，乃是快活林中這類消息特別的多。）

廣東新會發現田魚寶

新會爲粵中五大名縣之一。亦山明水秀之鄉。所產甜橙。著名遐邇。頃接該

> 地友人來書言。縣城之沙堤橋河中。於四月八日發現田魚寶一顆。緣是地向爲漁夫捕魚區域。有漁夫名鍾濂者。亦屬老顧客。是日鍾於垂綱時。忽見千萬魚蝦。羣集一處。鍾入水兜捕之。魚蝦紛紛遠竄。俄頃又聚。鍾甚以爲異。乃搜撈其地。得一石。重可十斤。滌去泥汙。石色淡青。鱗甲斑斑。絕類金魚。即懷之歸。越日。爲某胥董家以二十五元易去。事爲縣教育局得悉。斷定是石爲寶物。應歸公家保存。現正在交涉中。稽考縣誌。載沙堤橋。某名士曾題之曰紫水漁舟。引爲新會八景之一。相傳河橋底恆有石像魚名「田魚寶」者出現。嗣遭漁夫識破盜去。魚蝦遂漸減少云云。則是石殆爲田魚寶無疑矣。亟錄之。以待識者考證。

稍有常識的人便知道這種消息是無意識的，不足登載的，然而快活林的記者卻居然將牠登載了，還要「亟錄之以待識者考證！」

在附張上又常常看見一班酒囊飯袋記者們的聚餐消息及被請赴宴的消息。這種消息，記載的是他們這一批東西的瑣屑的諧謔與其無意識的舉動（例如「一親芳澤」之類！）真是極形極狀的寫，也顧不得讀者在鄙夷，在發嘔。這一批酒囊飯袋的記者們，大約除了僕僕出征去盡他們的酒囊飯袋的任務之外，也便別無所有，別無所能的了。酒囊飯袋不去，新聞界的新光是決不會出現的！潔身自好，有意於擡高或實現新聞記者的責任的人（無論他已是或將是新聞記者）將如何聯合起來以打倒他們呢？

五

附張的罪狀，言之不盡，還是掉轉頭來再去說說正張的事吧。一翻開報紙來，我們便常看見編次的不得法，大事小事的不分，或竟大小顛倒，將大事作爲小事，含糊過去。試舉最小的一件實證：每天或隔幾天的日報上不是都有所謂「第〇次中央常會」的消息麼？這個消息所重要的在什麼地方呢，到底是在出席列席的人呢？還是在他們所討論，所議決的事呢？讀者請先仔細想想，然後再去看報，報上所載的原來是着重在出席列席的人，而不着重在所討論所議決的事的。無論如何重要議決案，記者一律以五號字登出，而對於出席的胡漢民，孫科，陳果夫……列席的劉紀文，古應芬——卻一律以三號大字登出！這不是大小事顛倒是什麼！這不是不明事理是什麼！

其他文章敍述之如何千篇一律，毫無生意，評論短作之如何架空取巧，不痛不癢，都是大家所已十分明白了的，這裏也不必多說。總之，「老槍記者」的雅號是不僅僅要送給天天寫些「雙宿雙飛，儼若夫婦」或「男女均屬無恥」的可憐的本埠訪員的！又，上海的報紙至今還沒有應用標點符號，也還不用國語文，這也是值得慎重的向總經理們總編輯們提起的事。

——自文學週報第八卷第十三期。

後記

近幾年來，中國的出版界，曾熱鬧過一時，書籍，實在是出得不算少了。但關於新聞學的，却寥寥無幾。雖然在各種雜誌上，有時會有幾篇關於新聞學的論著發現，可是所討論的都是些零碎問題，大型的，有系統的，一直到目前，還是沒有。

因爲自己算是從事新聞學的人，所以平時對於這些論著，曾特別留意，見一篇，保存一篇，三年來，抽屜中竟積上一堆了。

春天裏，偶然跟謝六逸先生談起新聞學書籍的恐慌，受了他的鼓勵，便動手編了這麽一本集子。這我知道，除了在出版界湊些熱鬧外，於新聞學本身，未見得就會有多大貢獻吧。

這集子裏，包含著二十篇文字，一共有十五位作者。雖然他們的主張不見得怎麼一致，而他們的見解却都是比較前進的。尤其其中有幾篇對於中國新聞紙的批判，是很足以促進中國新聞紙的革新的。不過這些文字，有的是在一二年前寫的，對於目前現象，自然不免有不相符合的地方，這是得爲作者們聲明的。

這集子裏的作者，大半是復旦大學新聞學系的師友，承新聞學會諸君的雅意，本書便列爲復旦新聞學會叢書之一了。

本書編印時，謝六逸謝海燕二先生曾予以不少指教和幫助，特在此誌謝。

編者 一九三三，九，一五。在復旦新聞學研究室。

图书在版编目（CIP）数据

新闻学论集 / 管照微编. —北京：中国传媒大学出版社，2018.3
（中国近代新闻学名著系列丛书 / 芮必峰主编）
ISBN 978-7-5657-2281-3

Ⅰ. ①新… Ⅱ. ①管… Ⅲ. ①新闻学—文集 Ⅳ. ① G210-53

中国版本图书馆 CIP 数据核字（2018）第 051002 号

中国近代新闻学名著系列丛书
芮必峰 主编
新闻学论集
XINWENXUE LUNJI

编　　者 管照微
策划编辑 司马兰 姜颖昳
责任编辑 姜颖昳
封面设计 拓美设计
责任印制 曹 辉

出版发行 中国传媒大学出版社
社　　址 北京市朝阳区定福庄东街 1 号　　邮编：100024
电　　话 86-10-65450532 或 65450528　　传真：010-65779405
网　　址 http://www.cucp.com.cn
经　　销 全国新华书店

印　　刷 北京华联印刷有限公司
开　　本 787mm × 1092mm　1/16
印　　张 18
字　　数 150 千字
版　　次 2018 年 6 月第 1 版　2018 年 6 月第 1 次印刷

书　　号 ISBN 978-7-5657-2281-3/G · 2281　定　价 88.00 元